Renato Nogueira Perez Avila

Guia Teórico

INTELIGÊNCIA ARTIFICIAL REDES NEURAIS E ROBÓTICA

Básico • Intermediário • Avançado

Renato Nogueira Perez Avila

Guia Teórico

INTELIGÊNCIA ARTIFICIAL REDES NEURAIS E ROBÓTICA

Básico • Intermediário • Avançado

EDITORA CIÊNCIA MODERNA

Guia Teórico – Inteligência Artificial – Redes Neurais e Robótica (Básico – Intermediário – Avançado)

Editor: Paulo André P. Marques
Produção Editorial: Dilene Sandes Pessanha
Capa: Daniel Jara
Diagramação: Greice Marry
Copidesque: Ana Cristina Andrade

FICHA CATALOGRÁFICA

AVILA, Renato Nogueira Perez.

Guia Teórico – Inteligência Artificial – Redes Neurais e Robótica (Básico – Intermediário – Avançado)

Rio de Janeiro: Editora Ciência Moderna Ltda., 2016.

1. Inteligência Artificial. 2. Robótica
I — Título

ISBN: 978-85-399-0758-8 CDD 006
629.892

Editora Ciência Moderna Ltda.
R. Alice Figueiredo, 46 – Riachuelo
Rio de Janeiro, RJ – Brasil CEP: 20.950-150
Tel: (21) 2201-6662/ Fax: (21) 2201-6896
E-MAIL: LCM@LCM.COM.BR
WWW.LCM.COM.BR

03/16

Dedicatória

Este é meu pai, o Julio, e estou na foto também, com dois meses de idade. Sou seu filho único, o que é um grande privilégio para mim. Meu pai trabalhou por três décadas na área da saúde e teve uma carreira impecável, aliás, como profissional e como ser humano, sempre é muito estimado, admirado e querido por todos de seu convívio ou por onde passa. Neste momento, dedico esta obra a ele, uma singela e sincera homenagem ao maior exemplo que tenho na vida, pois, é muito importante que meu pai tenha por mim o mesmo orgulho que tenho por ele. Sua bênção, meu pai!

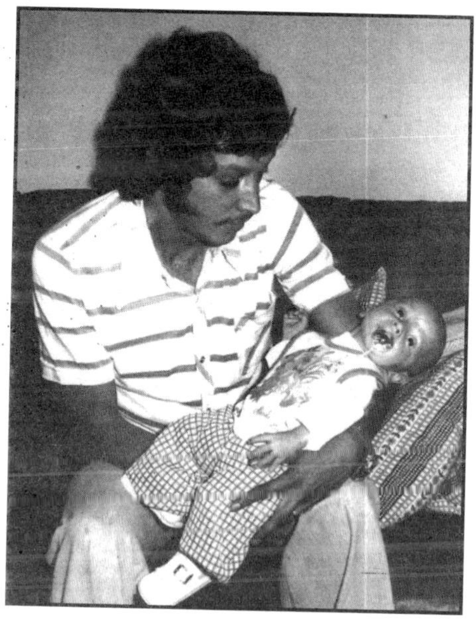

Apresentação

Esta obra aborda as ciências que cercam a inteligência artificial teórica, que, em seu primeiro capitulo, aborda a inteligência artificial na teoria de forma direta, sendo este o maior capitulo do mesmo. No segundo capitulo, são apresentados e abordados os conceitos dos sistemas especialistas, que possuem a função de realizar os trabalhos que um ser humano especialista faria. Nele, são citadas as dificuldades que esta tecnologia passa para realizar esta tarefa.

O terceiro capítulo fala da robótica industrial, sua importância na qualidade dos produtos fabricados e coloca a máquina no lugar do homem para realizar serviços perigosos e minuciosos. Mostra como, já faz um bom tempo, os empregos vêm acabando, não somente por essa tecnologia, mas também por todas as outras, como a automação e informatização, que mantêm e realizam serviços que muitos homens fariam. Além disso, é bom saber do funcionamento desses robôs, que são braços mecânicos em todos os lugares. Desde as fábricas de automóveis até restaurantes de países que exportam tecnologias, em seus comércios, são observados esses mesmos equipamentos fazendo outros serviços, como um prato para uma refeição ou realizando uma ordem ou pedido de um cliente, como o controle de uma impressora 3D e afins.

No quarto capítulo, o leitor observa a tecnologia médica, que faz com que o autor afirme que, de hoje até vinte e cinco anos, o homem pode comemorar seu milésimo aniversario sem sofrer os efeitos do envelhecimento, e, acrescidos a este, mais dez anos, a reconquista da imortalidade, também sem envelhecer, o que abre um plano de abordagem filosófica, antropológica e teológica em um livro de inteligência artificial.

Já o quinto capitulo fala da robótica humanoide, seus frutos junto ao homem. São analisadas as principais invenções desta parte da robótica que causam espanto e admiração, sendo fato que o homem sempre sonhou com máquinas domésticas deste tipo, mas o capítulo mostra que o limite é inexistente quando esse é o assunto.

Em suma, tratar dessas tecnologias é algo que envolve deslumbre em alguns, reticências em outros e medo nos demais. Existe um quê de mórbido na tecnologia de robôs que se parecem com humanos, pois a realidade é bruta e se aplica diretamente no ser humano, já que as coisas lentamente vêm se tornando caóticas, como na ficção cientifica, onde as máquinas são muito avançadas, mas a condição humana é precária. A realidade vem tomando cor e forma, e tudo se liga, pois os recursos de uma descoberta se sobrepõem a uma parcela maior de elementos.

Esta é uma obra proveniente da vontade do autor de desenvolver um livro que possua dados teóricos, exatos e humanos dentro de uma tecnologia que tem por objetivo o de imitar, na maior precisão possível, o comportamento humano, mas sem suas características do tipo sentimentais em sua plenitude.

O projeto GENOMA, entre tantas provas, provou que o homem sente medo e amor, e que todos os demais sentimentos possuem um pouco de cada um deles.,Isso faz com que os olhos humanos observem as máquinas humanoides e possam reconhecer um pequeno vestígio de um raciocínio e comportamento humano que nunca vai ser completo, mas resolve muitos problemas convencionais do dia a dia, cada vez mais presentes na vida das pessoas, a ponto de as mesmas se acostumarem com a presença da robótica, no emprego, na saúde e no comportamento interativo. Boa leitura!

Prof. Dr. Renato Nogueira Perez Avila

Sumário

Capítulo 1

INTRODUÇÃO

Devemos iniciar contando a história desta tecnologia, que é muito mais antiga do que as pessoas imaginam. Suas correntes de pensamentos existem desde os anos 30 do século passado, mas o ano inicial é 1956, em um evento no Dartmouth College, nos Estados Unidos.

Figura 1.1 – Dartmouth College.

Esta conferência, escrita por John McCartthy, Marvin Minsky, Daniel Rochester e Claude Shoannon, teve a intenção de realizar um estudo que durou dois meses e contou com a presença de dez indivíduos.

A inteligência artificial, desde seu início, gerou muita polêmica, primeiramente pelo seu nome, considerado meio soberbo por muitos, bem como pelos seus métodos e objetivos, mas suas promessas foram exageradas, o que desapontou muitas pessoas. Esta discussão, de fato, sai das áreas de exatas e entra na Teologia.

Então, por esses, e mais outros detalhes, não foi possível definir formalmente esta tecnologia, pois antes de tudo isso foi necessário definir o que é inteligência, o que permitiu muitas discussões e definições como:

- Uma máquina pode ser considerada inteligente se ela for capaz de resolver problemas e dificuldades que necessitam de uma inteligência como a humana.
- A inteligência artificial é o estudo do raciocínio por meio do uso dos modelos tradicionais.
- O desenvolvimento de um computador mais útil e que compreenda princípios que ajudam a tornar possível a inteligência.

Neste ponto, é possível declarar que há duas linhas principais de pesquisas ou trabalhos para essa tecnologia, a conexionista e a simbólica.

A conexionista focaliza sua atenção na modelagem da inteligência humana, utilizando, para isso, a simulação de todos os componentes do cérebro, ou seja, de seus neurônios, e, obviamente, suas interligações. A formalização desta proposta ocorreu no ano de 1943, quando o neurologista e psicólogo McCulloch e o lógico Pitts fizeram a proposta do primeiro modelo matemático para um neurônio, um modelo de rede neural, ou seja, em um conjunto de neurônios artificiais ligados entre si.

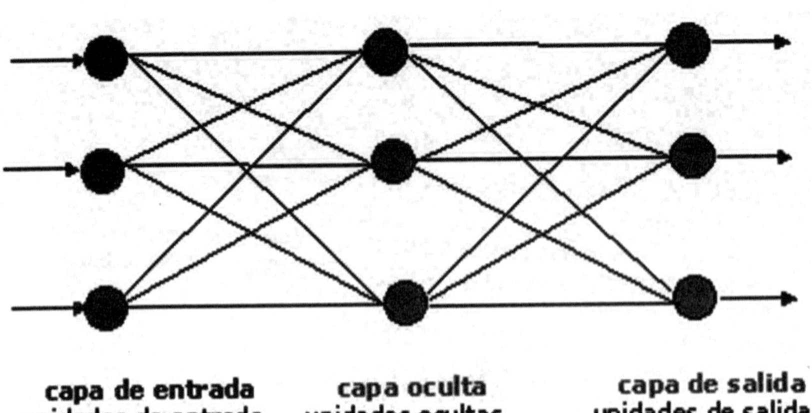

Figura 1.2 – Rede Conexionista.

Fonte: torredebabel.

Este modelo se chama Perceptron, que possuía inúmeras limitações demonstradas em pesquisas que abordavam a matemática a esta rede artificial de neurônios artificiais. Inicialmente, esta descoberta e proposição não fez muito sucesso até a chegada dos microprocessadores, menores e com custo dentro da realidade das populações em torno do mundo, pois era praticável a implementação de máquinas que possuíssem conexões compostas de inúmeros microprocessadores, juntamente com resultados de pesquisas nessa área que foram úteis para a resolução de problemas práticos, e isso deu um impulso às pesquisas na área. Este modelo foi o primeiro dentro desta tecnologia.

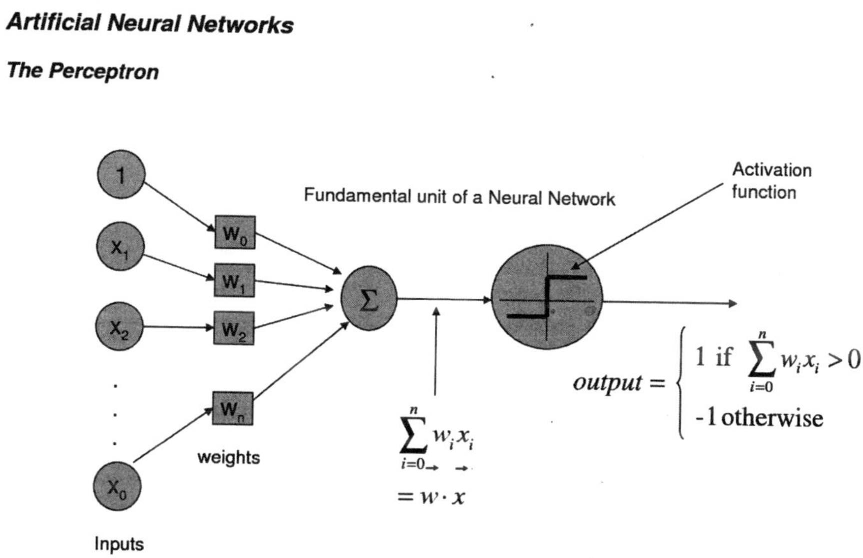

Figura 1.3 – Perceptron.

Fonte: docstoc

O modelo conexionista deu origem à área de redes neuronais artificiais.

Já o modelo simbólico tende a seguir uma lógica tradicional, e seus pesquisadores foram McCartly e Newel. Essa linha de pesquisa é baseada em sistemas numéricos e passou a se chamar sistemas especialistas e tomar cor e forma a partir da década de 1970, pois estabeleceu um tipo de manipulação simbólica de inúmeros fatos especializados sobre domínios restritos, como por exemplo os paradigmas correntes para a construção de sistemas inteligentes do tipo simbólico baseada em épocas de acordo com a proposta realizada no MIT – Massachusetts Institute of Technology.

Figura 1.4 – Massachusetts Institute of Technology.

Fonte: MIT.

O autor Guilherme Bitencourt, em seu artigo "Breve História da Inteligência Artificial", define sua história de forma temporal, conforme citação a seguir:

Clássica (1956-1970)

- Objetivo: simular a inteligência humana.
- Métodos: solucionadores gerais de problemas e lógica.
- Motivo do fracasso: subestimação da complexidade computacional dos problemas.

Romântica (1970-1980)

- **Objetivo**: simular a inteligência humana em situações predeterminadas.
- **Métodos**: formalismos de representação de conhecimento adaptados ao tipo de problema, mecanismos de ligação procedural visando maior eficiência computacional.
- **Motivo do fracasso**: subestimação da quantidade de conhecimento necessária para tratar mesmo o mais banal problema de senso comum.

Moderna (1980-1990)

- **Objetivo**: simular o comportamento de um especialista humano ao resolver problemas em um domínio específico.
- Métodos: sistemas de regras, representação da incerteza, conexionismo.
- Motivo do fracasso: subestimação da complexidade do problema de aquisição de conhecimento.

1.1 Clássica

A pesquisa e a manipulação de símbolo sempre tiveram seu foco no desenvolvimento de formalismos gerais que são verdadeiramente capazes de resolver qualquer tipo de problema inerente a sua responsabilidade. O sistema ou engenharia ostenta uma sigla, a GPS – General Problem Solver, e foi projetado por Ernst e Newel.

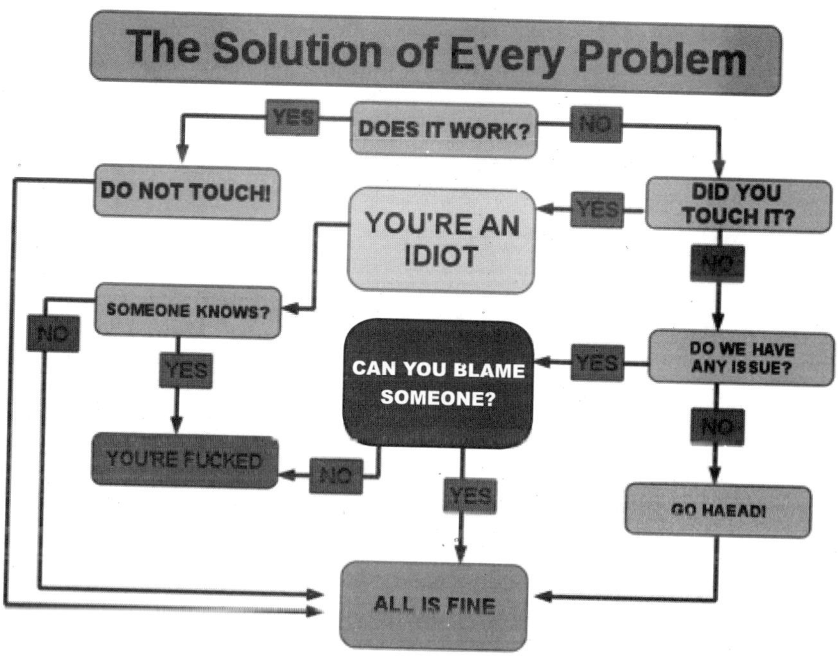

Figura 1.5 – GPS.

Fonte: gurudellesselsopicco.

Essas pesquisas abriram muitas portas no tocante ao estabelecimento dos fundamentos teóricos existentes em sistemas de símbolos que oferecem para a Inteligência Artificial inúmeras técnicas de desenvolvimento de programações aplicadas à manipulação simbólica, como a busca heurística.

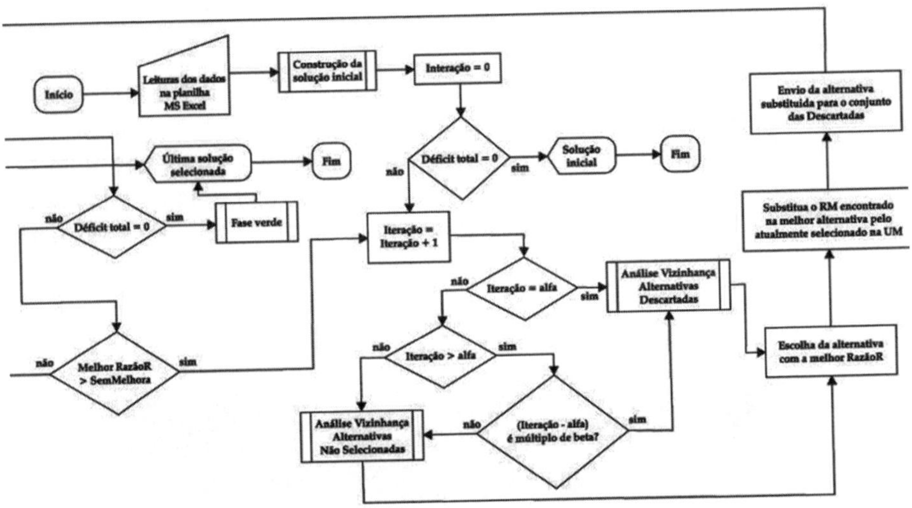

Figura 1.6 – Busca heurística.

Fonte: scielobr.

Os sistemas que foram desenvolvidos nesta época retornaram funcionalidades e respostas muito intrigantes e interessantes, mas que funcionavam em sistemas de pequeno porte e domínios simples, pois o único objetivo era demonstrar a técnica usada.

No entanto, os sistemas gerais tinham uma questão de não lidar com problemas reais e isso ocorria por duas razões: uma no tocante às características teóricas utilizadas pelos métodos e uma segunda que estava ligada à natureza do conhecimento do mundo real.

A certeza teórica nada mais é do que a consequência do uso em sistemas gerais com modelos baseados na lógica do tipo de primeira ordem de maneira formal básica.

Este modelo resulta na explosão combinatória, onde o tempo e a memória necessários para a resolução do problema crescem exponencialmente de acordo com o tamanho do problema.

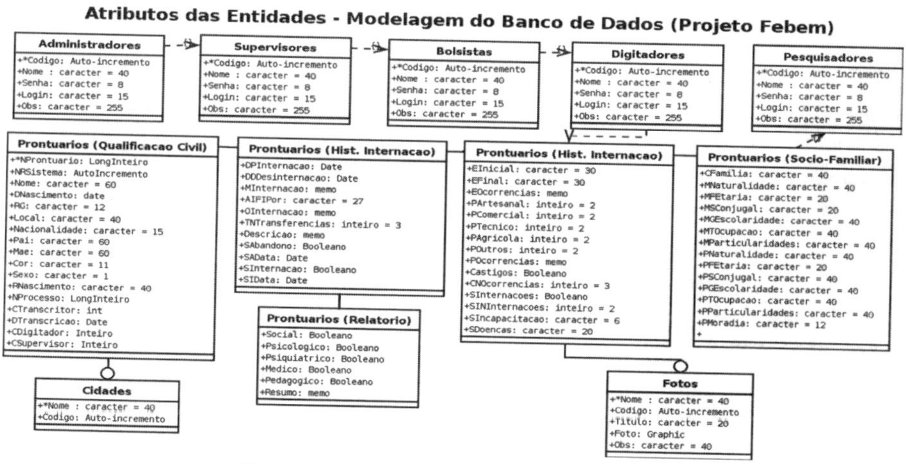

Figura 1.7 – Modelos baseados na lógica.

Fonte: linuxime

Mas existiam problemas nos métodos baseados em lógica nas técnicas utilizadas em sua totalidade em todas as técnicas dentro das programações que eram usadas.

Existia outra razão, que era o conhecimento incompleto no que tange ao mundo real, cuja única forma de solução de problemas reais era deficitária, pois os mesmos impunham a necessidade de utilizar regras na área prática, pois a mesma continha elementos que não possuíam fundamentação teórica sobre a utilização deste domínio ou assunto para serem utilizados de forma viável na necessidade de buscar orientações para cumprir o que foi determinado.

As tentativas de resolver esse problema acabaram criando duas soluções, a primeira é o uso de métodos formais das chamadas inferências que eram mais fracas do que a lógica localizada na primeira ordem, na busca de uma garantia de alguma eficiência a mais aos programas criados, como o uso de linguagens terminológicas, utilização da lógica de multivalores; a outra consistia em um conjunto de ferramentas para serem usadas para representar crenças, resultados incompletos e incoerências dentro das ações dos programadores, como a Lógica Fuzzi, lógica modal e lógicas de exceções.

1.2 Romântica

Começou a ocorrer em meados da década de 1970, quando a inteligência artificial era usada somente nas universidades e que possuíam objetivos voltados para construir teorias para escassos recursos de pouca utilização.

Mas, naquela época, existia um fato, que era o desinteresse comercial no desenvolvimento deste tipo de programação de inteligência artificial propriamente dita, principalmente sobre os que possuíam aplicações na prática natural. Isso ocorria pelo fato que este tipo de sistema, naquela época, não gerava lucro e consumia muito tempo. Devido a este fato, dentro da esfera profissional, começou a usar este tipo de tecnologia em pequenas aplicações que eram inseridas dentro da programação.

As modernizações desta tecnologia, que são usadas hoje, vinculadas à ciência da computação, nos assuntos inerentes ao tempo compartilhado, processamento simbólico de listas, ambientes de desenvolvimento de aplicativos orientados a objetos, acabaram fazendo com que a interface e o operador da máquina no tocante a sua intermediação características, trabalhassem juntos em um ambiente menos complexo e mais moderno, como são os casos dos sistemas operacionais baseados em janelas ou dos builder para programações em diversas linguagens.

Uma das mais interessantes mudanças que este modelo forneceu foram as que tratavam os critérios acadêmicos para julgar trabalhos dentro da inteligência artificial, pois, de fato, ocorreu uma enorme utilização da matemática formalizada, já que naquela época um programa que tratava de problemas que nunca tinham sido resolvidos por essa tecnologia já passava a ser catalogado como de inteligência artificial, mas ficou naquela época mesmo.

Na década de 1980, o programa passou a ser uma parte menos importante, pois a análise formal das metodologias, que usava o fator de decisão por parte da máquina com seus acréscimos no que foi desenvolvido e criado na década de 1970, estudos que resultaram na possibilidade do desenvolvimento de sistemas que possuíam real desempenho intelectual que já podia ser do mesmo nível do que o cérebro de um ser humano adulto, foi o maior fator da utilização e adoção de sistemas deste tipo em aplicações comerciais e industriais.

1.3 Moderna

A partir deste ponto, a nomenclatura adotada não era mais inteligência artificial, mas sim sistemas especialistas, e ela fez grande sucesso em todo o mundo da programação, pois possibilitava um produto comercial que trazia muito mais vantagens do que os existentes nas décadas anteriores. No entanto, um sistema especialista não se tratava mais de um produto, pois os empresários desta área não podiam vender em longa escala, já que necessitavam criar softwares que resolvessem inúmeros problemas.

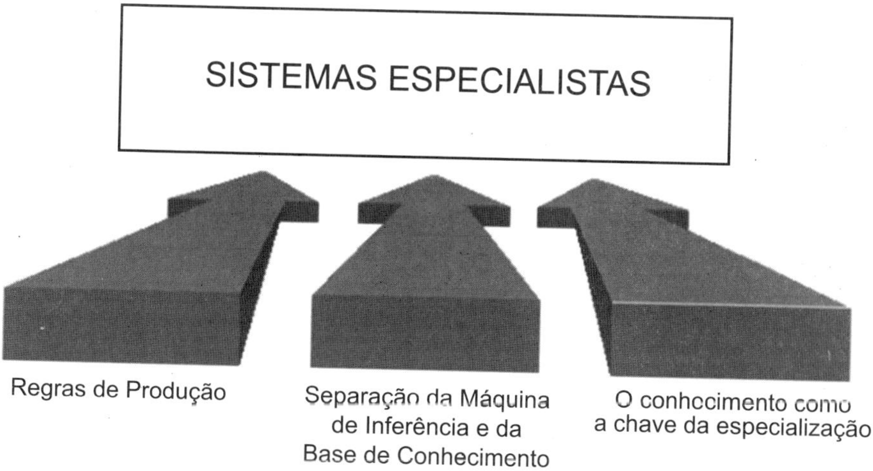

Figura 1.8 – Conceitos básicos.

Fonte:Valmorsantiagorodrigues

O grande número de problemas que seriam resolvidos pelos sistemas especialistas não se concretizaram, o que gerou problemas vindos de seus usuários, pois, mesmo tendo sido muito modernizado, não existia uma base para que o programador ou usuário pudesse saber o que deveria ser programado.

Obrigatoriamente, esses sistemas deveriam ter ferramentas de inteligência artificial, e este local se chama motor de inferência, que se tornou referência para esta tecnologia e trouxe mais confusão ainda, pois acabou sugestionando as pessoas no tocante a sua possibilidade de adquirir este modelo para construir um Sistema Especialista.

Aparentemente, é possível notar com muita nitidez que as máquinas executam, de maneira exata, todas as ordens e instruções fornecidas pelos indivíduos que trabalham com elas. A princípio, o computador não teria condição de resolver por si só um problema que ainda não conhece. Isso se deve ao fato que, no que tange ao resultado de um aplicativo funcionar com essa tecnologia, depende da aplicação exata de uma sequência de operações definidas que determinam os dados que as máquinas contam.

O computador existe para servir aos homens em todas as suas características, visando e possibilitando o acontecimento desta interação entre o funcionamento do programas deste tipo.

Para indivíduos que trabalham diariamente com este tipo de ferramentas, pode-se observar que as mesmas, de uma maneira muito clara, acabam indo resolver problemas além dos que o usuário observa, e isso acontece de forma que, às vezes, ela surpreende muito o seu programador ou usuário.

Neste fenômeno, existem duas razões a serem levadas em consideração. Primeiramente, a programação ou a utilização de ferramentas com essas características que produz efeitos inesperados à experiência humana na tela, e em segundo lugar o ajuntamento de informações que esta mesma máquina acaba por explorar com a intenção de oferecer dados complexos e conexões necessárias.

Figura 1.9 – Mãos robóticas executando uma música através do uso de I. A.

Fonte: Google Images

Neste ponto, é interessante citar quais são os territórios onde a inteligência artificial trabalha. Em primeiro lugar, às máquinas e materiais, como as construídas para a guerra, equipamentos de muito uso ou também de construção, que acabam ampliando todos os tipos de fenômenos naturais. Isso se inicia através da construção do equipamento, pois a partir disso todas elas passam a receber inúmeras potencialidades dentro de seus equipamentos físicos, como cabos, polias, engrenagens, molas, roldanas, braços, operadores de equipamentos etc. Este conjunto visível era observado na sua rudeza ou na sua precisão.

Conforme a informática foi se modificando, desde sua criação, já faz muitas décadas, no momento em que as técnicas eletrônicas e os circuitos integrados chegaram para possibilitar o fator da diminuição das máquinas, ela começou a ser explorada, com o uso de chips de poucos milímetros quadrados onde não podem ser distinguidos entre si a olho nu.

Figura 1.10 – Processador.
Fonte: Google Images

Com este conjunto de cores, visíveis apenas através de lupas, o profissional acaba por observar sobre alguns ramos, porque demonstram um grande emaranhado minúsculo onde ficam localizados seus elementos.

Os processadores e certos circuitos são os canais criados e combinados por engenheiros e, posteriormente, fabricados em processos complexos onde as menores quantidades de matéria são inseridas e depositadas sobre as demais, com a intenção de seguir uma ordem totalmente perfeita. Com o passar do tempo, as máquinas acabaram perdendo muito do seu tamanho, eram colossais e ocupavam todo um prédio; hoje elas são utilizadas por milhares de pessoas em computadores pessoais que possuem sua CPU e materiais internos, um monitor, um mouse e um teclado, para poder funcionar nesta tecnologia onde existem inúmeras conexões elétricas, e neste momento é possível afirmar que esses elementos acabam se transformando em uma mudança e otimização na atividade humana realizada pelos profissionais ou amadores que possuem a incumbência de dominar as máquinas a fim de que elas cumpram missões utilizando essa tecnologia, pois ela já não é mais simplesmente um conjunto de materiais visíveis, pois tomam suas ações por si sós.

Seus plugs são da espessura menor do que um mícron e são extremamente precisos. Daí não se pode pegar esta matéria física e inserir ali uma informação como tradicionalmente era feito, pois existe, em se tratando da ciência do pensamento da máquina, um procedimento para a busca da sublimação nessa coexistência do profissional dentro dos computadores, sublimação essa que é a passagem do estado sólido diretamente ao gasoso. Após isso, um mesmo é condensado em cima do chip para que seja solidificado novamente na forma de algo útil e cristalino, e depois disso refazer essa operação inúmeras vezes utilizando materiais diferentes e sempre tendo cuidado de proteger as regiões que não devem ser alternadas de maneira alguma.

Figura 1.11 – Imagem de microscópio dos elementos mínimos.

Fonte: Google Images

No início do século XX, o que pode ser chamado de confronto entre a máquina e o ser humano acaba tomando cor e forma, pois ele nada mais é do que um conflito entre as capacidades intelectuais dos componentes do computador e do cérebro biológico, o que possibilita, com essa junção, capacidades mentais, pois o que é vislumbrado nesse momento em uma imagem de microscópio é que ela é até inacessível ao olho humano, porque existe um tipo de montagem em uma dimensão abstrata onde a física ocorre, e todas as matemáticas e a lógica formal possuem uma posição muito importante.

Figura 1.12 – Holofote de pacotes de luz.
Fonte – Google Images

É importante também declarar que os computadores pessoais necessitam obrigatoriamente de suporte físico. É perceptível aos seus usuários que este tipo de abordagem irá possibilitar uma melhor maneira de comandar o mesmo com a intenção de observar os detalhes existentes na fabricação do mesmo com a intenção de utilizar todos os recursos na hora da criação do sistema especialista, por isso, deve ser necessária a constituição de inúmeros componentes eletrônicos que, unidos e trabalhando, acabam possibilitando uma melhor performance da máquina, que retorna ao usuário em um ganho de tempo. Isso acontece porque o mesmo não tem condição de ter todo o conjunto em sua memória a cada segundo, e isso facilita o acesso a computadores para serem utilizados da melhor maneira possível. Nesse ponto, surgiu a procura com a intenção de achar, no que tange à ordem natural do pensamento, um fator físico e imaterial equivalente que pudesse representar uma condução de um computador através da utilização deste tipo de tecnologia, e com a busca com essa finalidade é possível decidir se a assimilação da máquina como um todo se transforma em um órgão dotado de inúmeras capacidades lógicas, o que também é uma aproximação do homem e da máquina em busca da execução deste tipo de trabalho, da maneira mais rápida e correta possível.

É fácil imaginar que os computadores sempre possuem um suporte físico e fácil, portanto, dentro desta tecnologia, para que ela seja utilizada da melhor maneira possível, é importantíssimo observar todos os detalhes de fabricação e utilização que a mesma possui ou venha possuir.

Isso é fundamental para que a máquina seja corretamente utilizada, e isso se resolve por desejo dos programadores que visam à busca de inúmeros detalhes que existem nos processos eletrônicos.

Importante também não deixar de citar que os computadores são constituídos de inúmeros componentes eletrônicos reunidos de maneira extremamente complexa, e em virtude disso ele busca a praticidade de acessar suas máquinas, na busca por encontrar uma lógica de pensamento, ou que pode ser comparado com os controles existentes entre membros e outras ferramentas. A partir dessa análise, ele consegue assimilar todo o funcionamento do computador e compará-lo a um sistema que possui capacidade lógica característica desta tecnologia de inteligência artificial.

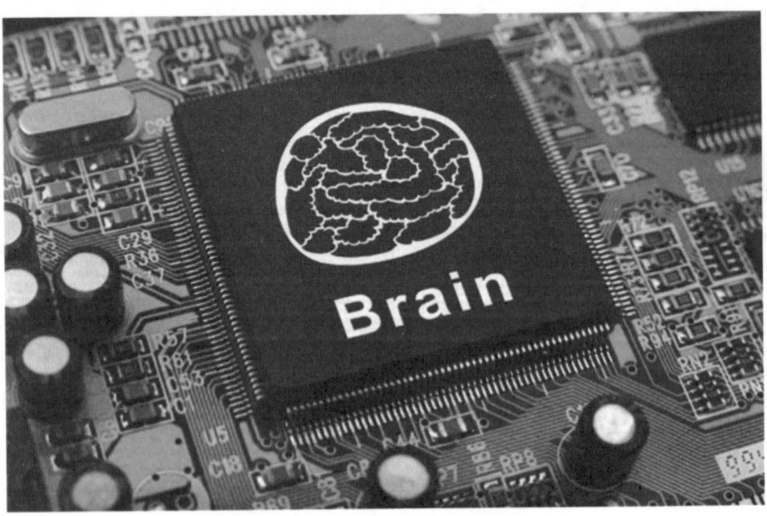

Figura 1.13 – Placas e processadores.

Fonte: Techtudo.

Viu-se, então, a busca para facilitar o acesso às máquinas com a intenção de encontrar, como no pensamento humano, uma forma de representar o controle dos que entram, na busca de se comunicar com a máquina, bem como com todo o equipamento, como se fosse um órgão que possui condições e capacidades lógicas na realidade de uma aproximação nem sempre satisfatória, mas existente e parcialmente eficaz.

E, dentro desta realidade, as funcionalidades tradicionais podem ser estudadas e, de maneira independente do seu suporte físico, em uma máquina onde todas as operações realizadas são identificadas como uma manipulação da sequência original dos caracteres. Portanto, a adição pode ser analisada e observada como sendo uma operação em que os caracteres são utilizados de maneira correta dentro da sequência específica e com o diferencial de que não tenha a intenção de se preocupar com a maneira que esses processos e operações acabam criando um vínculo físico, então, neste momento, as máquinas modernas podem ser descritas como não materiais. Isso se deve ao fato de que as mesmas não fazem outras coisas senão pegar o sinal e se comunicar, independente do suporte utilizado.

Desta forma, é possível analisar que a comunicação existente dentro da Inteligência artificial conhecida como comunicação homem e computador, com todas as suas características e limitações, é possível afirmar que todos os comandos, juntamente com as trocas de informações, podem ser expressos como frases ou um texto qualquer, pois essa comunicação é extremamente refinada, mas não garante que as máquinas consigam responder de forma exata todas às vezes, pois a mesma trabalha baseada em fatores implícitos e imprecisos, e com esta característica, ela trabalha com as letras que compõem o texto, e por isso surge o problema, pois não existem máquinas que possam pensar de maneira totalmente independente de seus programadores e/ou interlocutores, o que persiste, mesmo com muitas pesquisas, até os dias atuais.

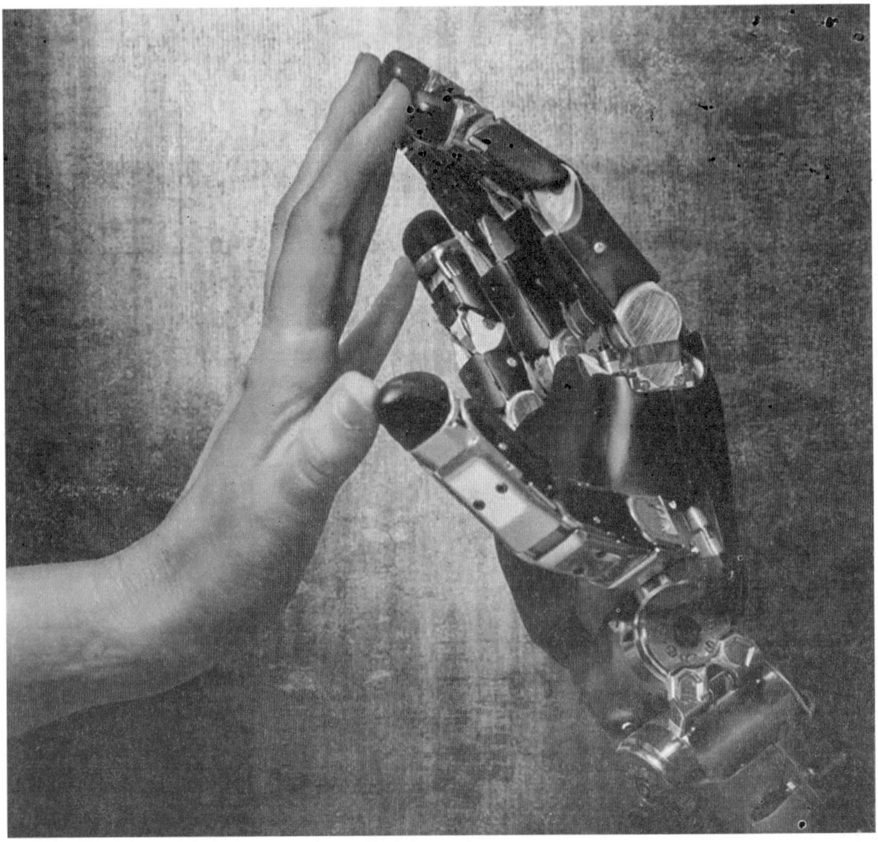

Figura 1.14 – Mão artificial.
Fonte: ocorreiodeeus.

É muito importante observar que existem pesquisas que, por sua interdição de fazer com que o cérebro tenha capacidade de comunicação, e com algum dispositivo que não faça parte do corpo, por exemplo, os braços mecânicos controlados a partir do raciocínio ou de um dispositivo que possa, por exemplo, restabelecer a capacidade da visão, são voltadas para comunicação física entre o cérebro humano e uma busca de uma reparação nas funções cognitivas e motoras, características do corpo humano. E isso não é novidade, porque todas essas interfaces que visam comunicar o cérebro e o computador tiveram seu início na década de 1970, quando se deu muita atenção à tecnologia conhecida como neuropróteses, que tem a intenção de trabalhar em cima da audição, visão e também da recuperação dos movimentos, como é o caso de braços controlados de maneira natural por pensamento. Essa prótese de mão, observada na figura 1.14, já consegue fazer com que os dedos realizem vinte e cinco movimentos.

Já na comunicação com a máquina, é fato observar que existe sim a comunicação exata dessa forma e com essas características, em que é possível assimilar que pode ocorrer algo comunicativo sem a necessidade de um especialista neste tipo de tecnologia.

É imprescindível dizer que o domínio dos computadores e demais máquinas tem que, obrigatoriamente, passar pela concepção de uma linguagem singela do conhecimento do homem e da máquina que será utilizada, e essa linguagem necessita ter em sua característica a agilidade para ser realizada de maneira correta pelo ser humano, mas ela também possui condições de ser administrada pelo equipamento. Este tipo de comunicação obrigatoriamente deve ser muito breve e incisivao, momento em que todas as determinações realizadas pelo usuário e/ou programador possam ser transmitidas da maneira mais rápida possível, evitando, também, problemas desta transmissão. Essas questões não são apenas físicas ou digitais, pois devem ocorrer independente da situação e localização, onde máquinas modernas possuem uma realidade que pode ser caracterizada como abstrata de uma ordem lógica, matemática, e que também possuam um comportamento imaterial.

1.4 Sobre a Realidade Iminente da I.A.

É fundamental, dentro deste trabalho, compreender que, dentro da inteligência artificial, é necessário conhecer normas de economia, valores, políticas individuais, além de intelectuais de maior abrangência, para que isso ocorra em todos os domínios e ações desta tecnologia que auxiliam o homem que opera a máquina com características de I.A.

A princípio, foram idealizados computadores com características similares aos matemáticos, pois eles já podiam trabalhar sobre signos dentro de regras intangíveis, e sobre esta ideia e necessidade construíram-se computadores com capacidade de demonstrar teoremas elementares de álgebra e geométricos, como o de Pitágoras. A partir daí, esses equipamentos acabaram por resolver praticamente todas as contas e fórmulas da matemática.

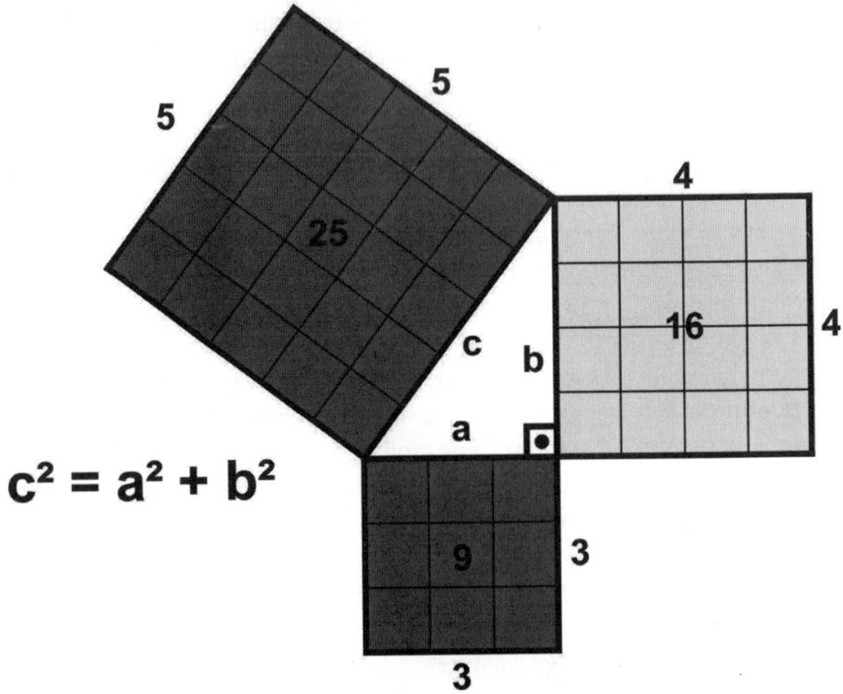

Figura 1.15 – Teorema de Pitágoras.

Fonte: fisicaempratica

A utilização desta descoberta deu-se através da utilização deste equipamento para se resolverem contas de matemática dos alunos do ensino médio e dos anos iniciais da faculdade, mas isso não ocasionou desemprego entre os matemáticos, devido ao fato de que a demonstração desses mesmos teoremas e de novos campos de estudo é da competência deles até os dias atuais.

Sobre este detalhe, é possível que surjam questionamentos de várias origens, porque este tipo de máquina acaba fazendo a matemática real, pois um teorema demonstrado se encontra na condição de desinteresse ao indivíduo que o resolveu, demonstrando que este cálculo é passado, excetuando se o mesmo é a base para cálculos mais avançados.

Entra, então, o fator homem, pois se o profissional da área não conseguir demonstrar nada de novo, ou melhor, aproveitável, o mesmo cairá em desinteresse, então surge a pergunta sobre se isto também é importante dentro desta tecnologia, ou seja, se o uso das máquinas deve ser realizado. Existe grande importância científica quando algo inédito é descoberto.

Dentre muitos outros, há argumentos muito importantes que possuem a intenção de diminuir as dúvidas que as pessoas comumente têm, pois ficam isolados, e de outro lado, os computadores que conseguem demonstrar e chegar aos teoremas mais novos nunca antes descobertos pelos homens da área, embora este tipo de cálculo, em sua maior parte, não demonstre interesse necessário para ser vinculado a periódicos mais conceituados. E, de outro lado, as publicações em periódicos de grande porte agravam o fato do custo, de publicação, de viagens, principalmente para o exterior, e muitas outras coisas que geram um investimento na casa dos cinco mil reais, pois muitos profissionais são necessários como orientadores, tradutores, editores, assinatura do periódico etc.

QUALIS	FATOR DE IMPACTO	PESO
A1	ACIMA DE 3,8	100
A2	3,799 - 2,5	80
B1	2,499 - 1,3	60
B2	1,299 - 0,11	40
B3	PubMed	20 *
B4	ScIElo	10 *
B5	Outros indexadores	5 *
C	-	0

Figura 1.16 – Tabela do Qualis das revistas cientificas brasileiras.
Fonte: Scienceblog.

Mesmo assim, esses resultados ainda são muito úteis para os matemáticos, pois eles usam os mesmos como base e exemplo na busca de resultados melhor qualificados. Mas, se isso não ocorresse, a busca, eles seriam extremamente importantes para ensinar e também utilizar em muitos serviços. Nesse ponto, é importante observar que deve existir uma interação entre a máquina e seus programadores e usuários. E é neste assunto que é possível observar jogos muito famosos, como o xadrez e também a dama, associados à atividade diretamente dos indivíduos profissionais ou amadores que trabalham com a matemática dentro de um consenso que é a observação fácil das pessoas que não são profissionais, já que ele é visto com muita frequência como elemento próprio das inteligências que possuem características calculistas, dominadoras, frias etc.

Figura 1.17 – O mais famoso jogo de raciocínio, o xadrez.

Fonte: Google.

Não foi a superioridade da mente humana que foi levada em consideração, mas sim a concepção que gerou interesse em estudos temáticos e também na área de psicologia e que acabaram por realçar os milagres desse tipo de utilização, em que os jogadores mais famosos acabam provando que, mesmo nessas atividades, que podem ser caracterizadas como abstratas, assim como os jogos anteriormente citados, é possível ver que o homem utiliza sua imaginação e também as suas lembranças. Isso possibilita ao mesmo uma vantagem, mas existem máquinas que trabalham com inteligência artificial que estão muito bem cotadas nas classificações entre os maiores mestres do xadrez, portanto, é possível afirmar que a distinção existente entre o homem e a máquina acaba por revelar o que existe de superior no homem sobre a inteligência artificial, onde suas atividades não podem ser comparadas simplesmente de forma matemática. A memória humana não é resultado de um grande conteúdo de informação análoga existente e produzida na memória do computador.

Diversas profissões, como já vêm ocorrendo nos últimos anos, podem ter sim o auxílio da máquina, como no caso de arquitetos, médicos, profissionais da área da saúde, engenharia, da área financeira e sociais aplicadas, além de inúmeras outras profissões oriundas de todas as áreas, pois essa automatização possibilita, de maneira muito simples, conceber que os computadores executam tarefas subalternas, assim também como administrativas mais importantes, porém as mesmas podem realizar muito mais do que isso, já que possuem raciocínio.

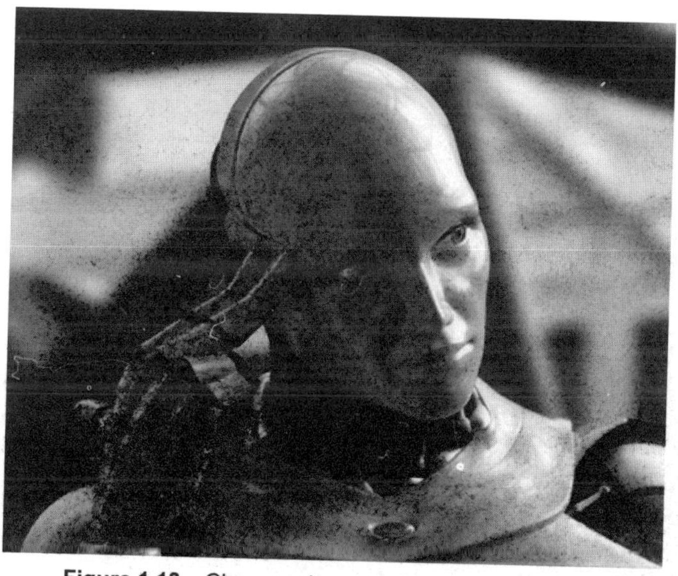

Figura 1.18 – Charge sobre as máquinas inteligentes.
Fonte: Uterotremulo.

Este fator pode ser usado também como influências em diagnósticos existentes dentro da medicina. Elas realizam a criação de textos e também podem analisar os elementos naturais na busca da origem dos mesmos, além de controlar, com soluções que possuem a condição de observar as ações necessárias que o profissional humano recebe tendo uma fonte mais confiavel, como também pode ser realizado pelo homem e, durante de uma ação importante, essa união pode refletir no computador em forma de simulação, e foi essa prática a que originou as noções de sistemas especialistas e também no que é conhecido como engenharia do conhecimento, com aplicações em todas as áreas laborais e científicas. Isso se deve ao fato de que, em muitas aplicações, essas técnicas estão na fase de construção tecnológica, pois existem muitos campos de utilidades que ainda não foram desenvolvidos pelo homem, mas é possível afirmar que isso é uma questão simplesmente de tempo, porque, mais do que nunca, a tecnologia e o conhecimento estão se multiplicando de maneira muito rápida, e isso faz com que novas tecnologias sejam criadas cada vez mais rápido para que possam obter lucros das pesquisas que delimitam um certo tempo até que sejam totalmente utilizadas pelo homem, a autoconcorrência.

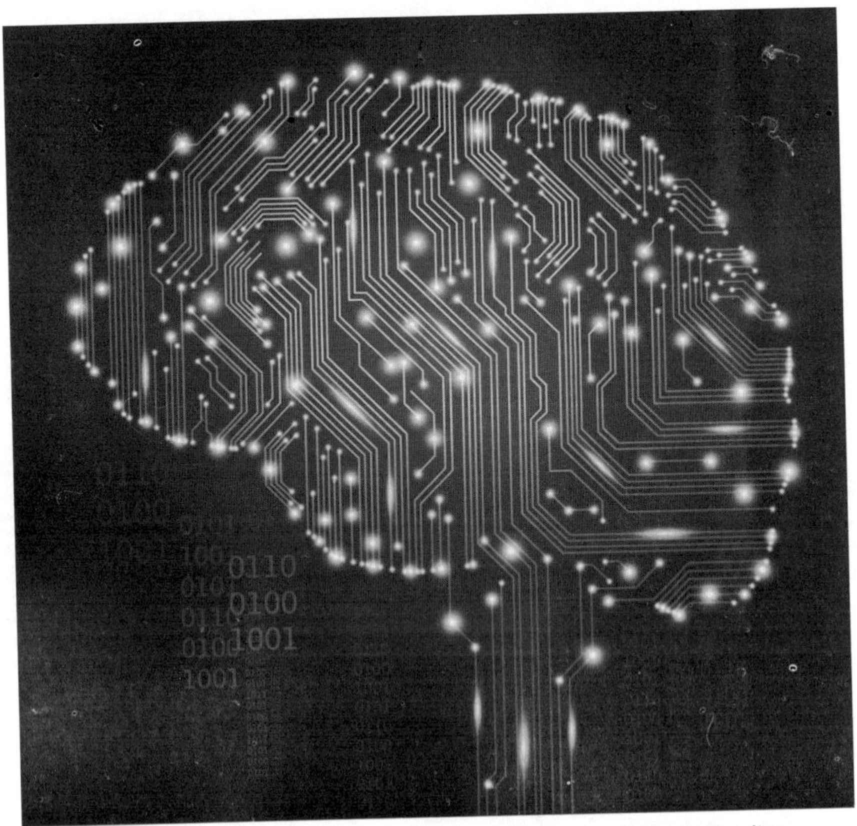

Figura 1.19 – Imagem gráfica de um cérebro humano feito de circuitos.

Fonte: Forumquiadohacker.

Também não pode ser deixado de lado o fato de que as pessoas que não possuem nenhum conhecimento de matemática, nem de dama ou xadrez, além de não dominarem nenhum tiro de técnicas como estas, podem ser indivíduos capazes de escrever livros e formular questões e realizar julgamentos ou provocar questionamentos que acabam virando fatos muito polêmicos, além de terem condições de administrar empresas em cargos de grande responsabilidade, pois existem vários tipos de linguagem. Isso se torna muito importante como característica muito forte dentro da sociedade onde a inteligência não alcança esse domínio ou linguagem, portanto, nem todas as dificuldades são resolvidas pelos sistemas especialistas, mas já é possível observar que as máquinas serão capazes de ter compreensão de textos e atuar em áreas muito maiores e ampliadas.

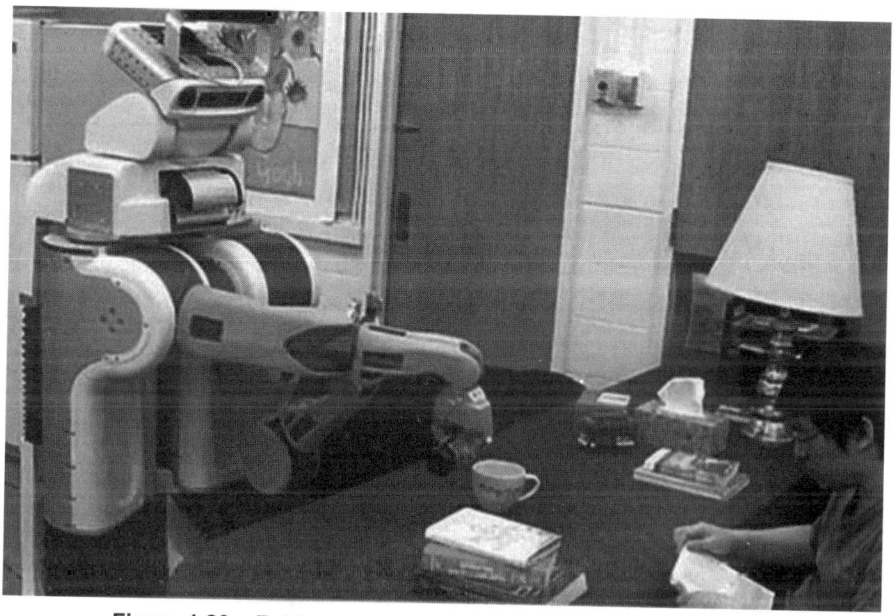

Figura 1.20 – Robô que se comunica servindo chá para seu dono.
Fonte: Infoabril.

Dessa forma, é possível a classificação que afirma que a máquina inteligente é aquela que possui capacidade para se comunicar com o homem através da linguagem convencional escrita; além disso, ela também possui condições de interpretar textos e também de dar respostas aos estímulos de forma coerente, mas isso ainda vai levar um tempo, pois os computadores já podem compreender textos que não possuem ambiguidade, muito importantes como os sumários médicos que acabam por descrever com exatidão o estado de todos os pacientes. Desta forma, onde não existe nenhum tipo de palavra estranha, o homem se uniu com técnicas experimentadas que têm a função de permitir a consulta na base de dados, além de traduzir empregos de ações manuais para serem realizados pelos usuários da área da enfermagem.

Desta mesma maneira, é um sonho muito antigo da humanidade que as máquinas possam se comunicar e passar conteúdos, mas as pessoas devem compreender que o desenvolvimento de algo deste tipo depende de inúmeras pesquisas, e isso leva tempo. Neste caso, o autor pode citar a descoberta do rádio, da televisão, da fotografia etc., pois foram importantes invenções que levaram muitos anos e se formaram graças às descobertas científicas de muitos pesquisadores.

No entanto, já há algum tempo, as máquinas simulam a voz humana, o que se tornou muito visível nos modernos videogames e nos automóveis que possuem central de voz ou GPS.

Neste ponto, é importante declarar que as máquinas não têm uma postura humanística necessária para a inserção de dados, e por causa disso é fato que o texto acaba sendo comprometido. É importante afirmar que as máquinas possuem também condições de visualizar e acabam desenvolvendo o reconhecimento dos objetos existentes interiormente dentro de gravuras ou imagens de qualquer tipo, portanto, elas também têm capacidade de criar automação e algumas análises dentro da área da medicina, como os exames de sangue e afins, pois neste caso ela acaba tendo condição de numerar as células existentes no sangue e também, ao mesmo tempo, analisar se existe alguma anormalidade.

E este fenômeno ocorre diversas vezes, e o que permite, dentro da real condição que este tipo de máquina possui em sua capacidade de reconhecer, usando equipamentos adequados, reconhecer também textos manuscrito, como é feito com os códigos postais ou a leitura automática de cheques, além de estabelecer certa comunicação existente entre o quanto vale em números e quais são os valores das letras. Portanto, ela pode pegar a pista que está sendo escrita naquele momento e, a partir de então, analisar, mesmo com a intenção de permitir, da maneira mais fácil e rápida possível, a comunicação dentro da escrita que o computador realiza através de uma tabela.

Deve-se também observar que essa visão não é só limitada com a intenção de realizar uma análise de códigos ou imagens, pois essas máquinas têm a capacidade de criar as mesmas que são artificiais, além de outras técnicas de realidade virtual.

Neste momento, é simples declarar que a inteligência artificial, vista da parte tecnológica, pode ser caracterizada como a ciência das máquinas que desenvolvem pensamentos coerentes e inteligentes na vista tecnológica e que possuem inúmeros campos de aplicação, mas também existe muita coisa a ser conquistada, e é obrigatório também relatar que a mesma possui a sua parte teórica.

Também é muito interessante dizer que, como diversas outras invenções deste porte, a inteligência artificial foi formada por uma série de descobertas, e a primeira de todas foi a máquina de calcular de Blaise Pascal, que era mecânica e trabalhava na soma e na subtração, ou seja, apenas os cálculos considerados como aritméticos, além disso, elas possuíam operações matemáticas que podiam ser catalogadas como totalmente mecânicas, e foi isso que o pesquisador provou, ou seja, ele afirmou e provou que a geometria poderia ser realizada de maneira mecânica por um equipamento enquanto outros não tinham essa capacidade.

Figura 1.21 – Máquina de Pascal.

Fonte: Google Images.

Após isso, o pesquisador Leibniz acabou por aperfeiçoar este tipo de equipamento, pois, em sua concepção, ele já afirmava que era possível que a máquina tivesse certo raciocínio. Ele dizia isso com a intenção de afirmar que a mesma poderia criar proposições elementares com a intenção de apresentar dados deduzidos, portanto, cabe a este pesquisador ser o primeiro que pensou na possibilidade do surgimento da inteligência da máquina, pois ele trabalhava com proporções e achava que isso era simples para a máquina.

1.5 Pesquisadores Envolvidos

Interessante que Leibniz tinha a ideia de que tudo o que existe no meio natural ocorre sob a presença do cálculo cego de sinais, então, sua teoria afirmava que o pensamento é para a resolução dos cálculos.

Figura 1.22 – Gottfried Wilhelm Leibniz.
Fonte: Googleimages.

Então, o cientista estabeleceu que o raciocínio foi criado com a intenção de analisar todo o pensamento nos termos humanos, uma máquina automática que trabalhava criando sequência e inúmeras operações, pois ela tinha condições de inserir a lógica em movimento e também criar raciocínios válidos. Isso fez com que o pesquisador idealizasse uma máquina capaz de raciocinar como máquinas de calcular, e ele acabou por produzir diversas engrenagens dessas mesmas máquinas.

Dando continuidade, já no século XIX, dois pesquisadores ingleses, Charles Babbage e George Boole, tiveram a intenção de utilizar essa tecnologia e especializaram-se nas instruções de pesquisadores anteriores.

Figura 1.23 – A máquina de Babbage.

Fonte: Glendc.

Ele foi economista, lógico, astrônomo e matemático, e acabou por construir uma máquina diferenciada capaz de operar de maneira isolada as quatro operações aritméticas, e também conseguia realizar outras operações matemáticas conforme a maquina era aperfeiçoada, inclusive dentro dos cálculos base. Importante frisar neste momento que a meta deste cientista era a busca do cálculo automático de tabelas matemáticas com a infusão na busca da trigonometria e também nos logaritmos, pois, para chegar a esse resultado, era necessária uma grande repetição das mesmas operações que acabavam resultando em uma simples e vaga linha de valores que existiam dentro deste tipo de cálculo.

Da mesma forma, todos os anos, pessoas querem adquirir um eletrodoméstico que tenha a função de se comunicar com ele a fim de trocarem informações. Mas o homem, dentro da era da tecnologia atual, e a ciência da inteligência artificial possuem inúmeras características técnicas que acabam por permitir que as máquinas consigam imitar a voz do homem. É importante observar que hoje os veículos automotivos possuem este tipo de equipamento, mas nenhum daqueles são trabalhados com profissionais da linguagem falada.

Mas é importante compreender que, nesta tecnologia atual, os computadores conseguem pronunciar texto, mas não agregam a ele as emoções. Isso existe porque é necessário que a frase possua sua ênfase e isso se baseia na pontuação de cada idioma, além das limitações de respiração e também do sentido do texto que é sempre utilizado desta forma pelo ser humano, mais ainda é impossível saber como criar sentido e também esses outros elementos, para que a máquina possa utilizá-los com ênfase e de maneira satisfatória.

Já no que diz respeito à visão, os computadores acabam por reconhecer certos objetos inseridos dentro de uma imagem, portanto, é fácil compreender que existem neles as capacidades de automatizar algumas análises, como por exemplo a de sangue, contando o número de glóbulos vermelhos e brancos, ou na busca de algo errado ou equivocado no mesmo.

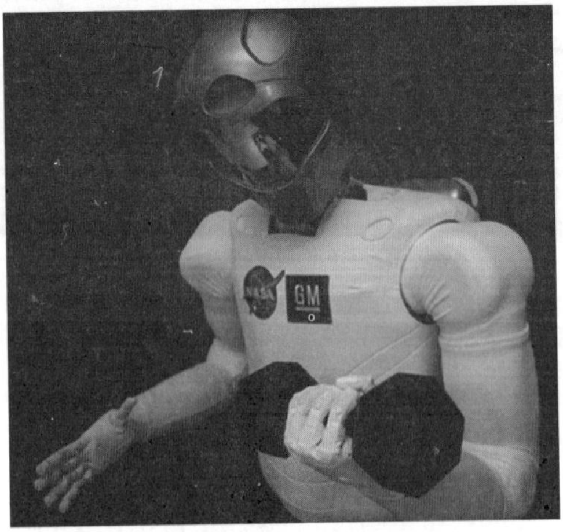

Figura 1.24 – Robô guiado por visão.

Fonte: NASA/GM.

Existe também a possibilidade da visão da máquina no reconhecimento dos textos escritos à mão. Isso é muito visível no dia a dia dos números para os códigos postais, e recentemente as máquinas já conseguem fazer a leitura automática de cheques, além de estabelecer correspondências entre o valor existente nos números e o valor existente nas letras.

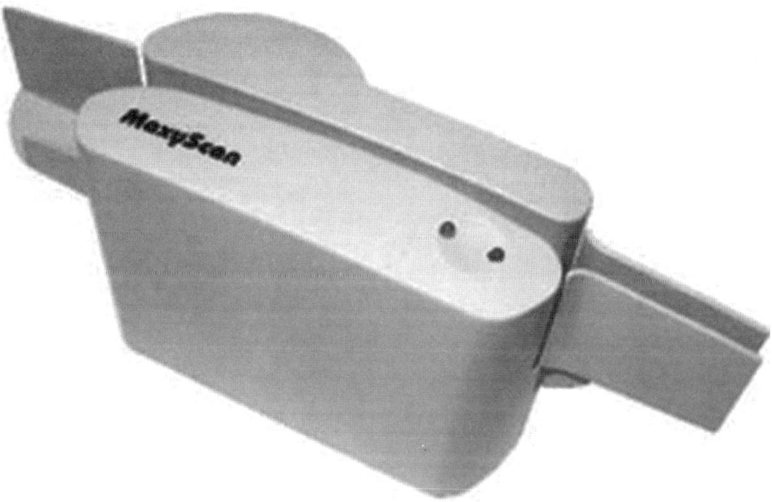

Figura 1.25 – Leitor de cheques.
Fonte: Google imagens.

É também importante observar que os leitores são aparelhos de escrita em movimento, ou seja, o tempo sendo aproveitado da melhor forma, porque, na realidade, essa ação está ocorrendo no exato momento, e, em virtude disso, a tecnologia pode auxiliar na análise do mesmo, com a intenção de facilitar a comunicação escrita de uma pessoa para um comprador através de um tipo de visão.

Ainda continuando a observar a visão das máquinas, também deve ser lembrado que as mesmas analisam gráficos complexos e criam as "cidades" virtuais, mesmo de maneira artificial, e acabam por criar universos imaginários, o que é conhecido como realidades virtuais, ainda que esse tipo de expressão seja empregado de maneira errada, pois ela traz um pré-julgamento. É importante observar que realidades virtuais possuem a intenção de reproduzir um objeto na ausência do outro, suas sensações no que tange aos gestos, à percepção, à visão e à audição, como ocorrem em jogos de MMORPG tão em voga neste momento.

Figura 1.26 – Lineage, o mais famoso jogo de MMORPG.

Fonte: Selectgame.

Portanto, a afirmação de que a inteligência artificial é, de fato, a ciência das máquinas inteligentes não é correta em sua totalidade, por isso, observando as limitações da tecnologia, que sempre existiram, mas que sempre serão substituídas nos campos de aplicação, como também em um imenso conjunto de territórios que a mesma pretende alcançar, mas o lado científico da mesma, ainda que seja um forte e avançado tema de abordagem, já constitui um objeto de estudo aprofundado juntamente com pesquisas teóricas e também práticas, pois ambas são indispensáveis para certos tipos de resultados. E é para ele que as pessoas devem olhar com bastante atenção, pois nele existem seus fundamentos teóricos, que, se não acompanhados ou preparados, acabam por trazer malefícios, pois esses jogos nunca têm fim. Portanto, ele pode criar no usuário a ludomania, ou seja, o vício no jogo, já que são criados com essas intenções.

1.6 Nascimento

Ao contrário da crendice popular, esta tecnologia construiu uma história com a intenção de formalizar a lógica junto à inteligência artificial, e isso não foi nada fácil, pois era muita coisa que se mudava de um minuto para outro e de forma muito inesperada.

Antes de tudo, a lógica sofreu uma enorme alteração de suas origens, que foi na Grécia antiga no século XIX, e a única finalidade que a mesma tinha era de realizar a análise e a argumentação, sobre o que inserir na mesma, no mesmo nível da gramática, e, consequentemente, nos objetos para serem pesquisados dentro da área da matemática.

Depois de formulada a álgebra da lógica por George Boole, que agiu de forma totalmente independente dessas características, pois ele propôs um resultado comum entre a formulação de um problema intrínseco e concluir com grande fundamentação a expressão do pensamento, e isso ocorreu porque as matemáticas, segundo ele, deveriam sempre instituir um fato ou objeto para serem analisadas de forma exata e sempre se baseando nas matemáticas, ele tinha que analisar sobre a possibilidade de surgimento de um abismo que era analisar a pretensão de explorar a lógica e a matemática, pois a ideia era de identificar todas as matemáticas da maneira mais sólida, fundamentada e exata possível, fugindo dos paradoxos que essa ação naturalmente resulta. Foi nessa época que matemáticos e filósofos tiveram a intenção de descrever essa atividade exata nesses mesmos termos e, como resultado, eles construíram uma teoria formal de demonstração.

Figura 1.27 – George Boole.

Fonte: vaicomtudo.com

Buscando essa resposta, eles acabaram por se inspirar no modelo criado e proposto por Euclides, onde existe certo número de axiomas, que nada mais são do que as proposições que possuem condições de serem reconhecidas como muito complexas, depois de seu uso e apresentação, então, surgem novos teoremas, mais complexos, que usam axiomas com novas regras e características que resultam em tornar a resposta mais exata dos resultados, até mesmo dentro da matemática com o uso dos chamados sistemas simbólicos.

Figura 1.28 – Euclides.

Fonte: osmaioresdahumanidade

A matemática no século XX possuía limitações e utilização de diversos comandos e utilidades. Isso foi obrigatório à formulação da lógica clássica trabalhando em cima dos termos da sua formulação. A atividade das máquinas começou a sofrer essa influência, quando entra em cena um matemático chamado Alan Turing.

Figura 1.29 – Alan Turing.
Fonte: instinctmagazine.com

Ele era matemático, lógico, analista e cientista da computação. Era um inglês que teve uma influência muito grande no desenvolvimento do que é hoje chamado ciência da computação, bem como as utilizações formalizadas hoje dentro do conceito de máquina pensante e que foi, na opinião do autor, o criador do computador moderno. Ele também trabalhou com inteligência artificial e na área da ciência da computação.

Durante a guerra, trabalhou para a inteligência militar britânica em um centro especializado em quebrar códigos do exército alemão, incluindo um método da eletromecânica que podia ser definida para a máquina em níveis. No pós-guerra, ele trabalhou para o laboratório nacional de física, onde foi o responsável pela invenção dos primeiros projetos para um computador com programa armazenado, e se interessou pela química, escrevendo artigos sobre morfogênese, e realizou observações químicas que acabavam por gerar resultados benéficos.

Mas o fim da história dele não é o do seu reconhecimento. Devido ao fato de ser homossexual, no ano de 1952, ele teve que responder a um processo criminal, pois naquela época essas práticas eram ilegais naquele país e acabaram fazendo com que o mesmo aceitasse ser tratado com hormônios femininos e também ser submetido pela castração química como alternativa para a pena da privação da liberdade. Ele faleceu perto dos seus 42 anos, envenenado por cianureto.

Ele acabou por mostrar que, se as limitações físicas fossem abstraídas como as do tempo de execução e que estiveram diretamente ligadas à velocidade dos componentes que existiam dentro da máquina, da ordem das limitações ou memória, todas as relações equivalentes iam criar uma máquina ideal e que também é muito simples, e que foi conhecida como máquina universal, pois a mesma representava, para seus especialistas, dentro da área da informática, que um computador perfeito era o ideal, pois nele a energia era 100% transformada e trabalhada.

Esse pesquisador também descreveu o funcionamento do comportamento dessa máquina utilizando termos matemáticos, e os mesmos símbolos que foram utilizados anteriormente na descrição dessa ciência exata são a base de todos os outros. A partir de então, foi estabelecido um grande paralelo entre as matemáticas e os equipamentos do tipo computador abstrato, quando foi possível a representação de certas atividades que as mesmas podiam desenvolver, nas quais podem ser representadas as funcionalidades de todos os termos matemáticos em que fossem desprezados o tempo gasto para fazer o cálculo e a dimensão da memória existente.

Mas surgiu então a guerra, com toda a sua pressa e imediatismo, que exigia que muitas coisas fossem inventadas, e por causa disso este pesquisador foi se aperfeiçoando cada vez mais dentro do serviço. De fato, é relatado até hoje que ele tinha uma facilidade muito grande em decifrar, de maneira extremamente rápida, as mensagens em código enviadas pelos alemães e que o exército britânico conseguia interceptar.

Ele resolvia esse problema na base da criação de cálculos com inspiração na tecnologia dos interruptores de telefone e conseguiu criar uma das primeiras calculadoras eletrônicas da história. Além disso, teve inúmeros progressos que acabaram por resultar nos primeiros computadores eletrônicos, empiricamente, o papel desse grande cientista não reconhecido acabara por desempenhar um papel de extrema e fundamental importância. A primeira dessas comprovações é de que a tese que o comportamento de uma máquina sustenta é imprevisível, de tal forma que ela não deixa transparecer a sucessão das inúmeras instruções básicas da qual ela foi originada. Deste modo, essa postura cientifica pode resultar o que lhe ordenou, mesmo que seja um reflexo fiel do mesmo. Tanto a velocidade como o cálculo são desenvolvidos, e também tratando da multiplicidade das operações que, na época, já eram agregadas às máquinas de computar, a fim de que somente as mesmas conseguissem construir a partir da autoavaliação do próprio comportamento realizado pelo programador. Isso resultou em um leitor de operações executadas onde o cérebro humano é incapaz de reconstruir a mesma de maneira mental, por isso, o resultado sempre foi imprevisível.

Figura 1.30 – Máquina de Turing.

Fonte: eletronicagames.com

E a segunda comprovação alcançada pelo notório pesquisador foi que o ser humano possui uma grande dificuldade para determinar a origem do comportamento que as máquinas utilizam, o que foi um grande problema, para ser resolvido pelos profissionais que tinham essa responsabilidade, ou seja, os programadores. Assim, ele não conseguiu analisar em mesmo nível o comportamento dos homens e compará-los com os das máquinas em 100%, até que ocorresse uma grande sucessão de instruções elementares que deram origem aos mesmos, pois não acha possível comparar a causa de um erro durante a programação antiga ou moderna, e, para resolver este obstáculo, cada máquina criada era considerada como muito difícil de ser estudada no tocante às suas ações e reações, como também realizar a perguntas sobre o que a mesma busca, o que ela vê, e como adquirem conhecimento e como elas utilizam o raciocínio de máquina para compreender o que é determinar. E esse tipo de estratégia de apropriação é passado pela atribuição das qualidades existentes para que a máquina possa ser entendida, pois a mesma deveria ter finalidade, conhecimentos e intenções com a missão de sempre poder construir o comportamento humano para poder corresponder ao mesmo. Mas em nenhum tipo de caso é necessário acreditar que as máquinas possuem dados expressivos, e isso também conta com os conhecimentos.

Mas a guerra chegou ao fim, então ele continua a se dedicar à teoria das máquinas, pois podia utilizar toda sua experiência e focalizou para o fato de que o aparelho deve dizer e pensar no tocante à inteligência de uma máquina. Em um artigo que foi publicado em 1950, já começa a dar uma definição sólida de que a inteligência é proveniente da máquina e não pelas suas características intrinsecamente, mas assim voltado para a percepção do que o homem deve ter a esse respeito, pois surgiram dúvidas sobre como é inteligente uma máquina que pode usar este conhecimento para enganar a todos os presentes e também se passar por inteligente diante dos homens, e esse tipo de dedução e constatação era utilizada, não nas calculadoras eletrônicas que acabavam por propiciar, de forma muito concreta, uma apreensão do que foi muito útil ou o caminho a ser seguido, e, particularmente, para saber se a máquina era definitivamente inteligente, incluindo aí o fato de a mesma poder conhecer e simular emoções ou somente se ela pode parecer diante dos olhos humanos como tal, mas ela não possui esta capacidade. Isso fez com que a questão, além de permanecer, aumentasse, mesmo considerando sobre a inclusão ou predestinação, as máquinas com inteligência ainda necessitavam de ser construídas para que fosse possível analisar se as mesmas poderiam resolver uma operação por um caminho mais simples.

1.7 Xadrez

Uma vez que os sistemas do tipo simbólico desempenham, própria e imprescindivelmente trabalhos importantes em inúmeros setores, era de se esperar que os mesmos continuassem com o mesmo status, mas não foi isso o que aconteceu, e isso se deve ao fato de que eles realizam tentativas de fazer operações com sistemas simbólicos e acabaram por resultar que os mesmos, utilizados de maneira direta e única, eram extremamente frágeis, e são de fácil compreensão. Basta lembrar que esse tipo de sistema é um imitador, a partir do momento em que se leve em consideração que os sistemas simbólicos nada mais são do que imitadores, matematicamente formando, do raciocínio geométrico, como fora criado por Euclides já fazia mais de 2000 anos, mas suas impressões, com ou sem evidências, existiam, para todos os axiomas, um completo conjunto de regras que foram nomeadas como regras de derivação que tinham também a função de criar teoremas que geravam outros teoremas infinitamente.

Portanto, sistemas simbólicos acabam por reproduzir de maneira analógica o raciocínio dentro da matemática, que possuem as características de utilizar os axiomas por hipóteses. Assim, ele tem condição de deduzir os teoremas que acabam aparecendo de maneira natural na origem dos próprios axiomas, porque esse tipo de sistema simbólico pode ser utilizado de maneira fundamentalmente teórica para que a ciência que existe nos computadores possa ser usada de uma maneira muito mais objetiva.

É importante relembrar que todos os compradores são equivalentes a um sistema simbólico único que tem a função de descrever a máquina universal, o significado disso, através do uso da transcodificação, ou seja, uma reescritura, pois todo o programa desenvolvido nele possuía uma habilidade única em um computador que pode funcionar no sistema de máquina universal.

Como, por exemplo, é possível que sejam fornecidas as regras do xadrez dentro de um computador, e, a partir daí ele acaba extraindo a velocidade de como os cálculos são executados, além do tamanho da memória, já é possível crer que a construção de um conjunto de partidas possíveis e a escolha de uma jogada mais vantajosa dentro desse conjunto. E é nesse momento que é considerada a realidade física das máquinas, e que acaba por resultar em um número de partidas representadas matematicamente pelo número 1 seguido de 56 zeros. Este é um grande número e faz com que exista uma dificuldade imensa de aprender que ele era um número superior ao mundo de elétrons que existem em todo o universo, pois o mesmo se multiplica na velocidade tamanha, das máquinas, por 10, 100, 1000 etc. Isso não muda nada, pois nomeações completas existem em todas as partidas possíveis e estará, da mesma maneira, fora do alcance dos computadores.

Figura 1.31 – Kasparov e Deep Blue.

Deep Blue foi um supercomputador e também um programa que foi criado pela IBM para ser o maior oponente computadorizado do jogo de xadrez. Interessante que o mesmo possui 256 coprocessadores capazes de realizar análises que podem chegar a um milhão e duzentas mil posições a cada segundo. Ele notou uma grande notoriedade em fevereiro do ano de 1996, quando jogou com o campeão mundial de xadrez, o famoso Grary Kasparov, que era na época considerado o melhor jogador de todos os tempos. Ele ganhou três partidas e empatou uma e perdeu 1 contra a máquina, então a pontuação foi de 4 a 2, pois no xadrez um empate resulta em 0,5 ponto para cada um dos lados. Sendo que a única derrota do grande campeão foi justamente na primeira parte, onde passou a ser o primeiro jogo deste tipo em um computador que venceu o novo campeão do mundo dentro da normalização das regras e temporais. Nos jogos seguintes o enxadrista acabou por declarar que era o último ser humano campeão de xadrez, pois ele já podia prever o que ia ocorrer nos anos que vinham pela frente.

Já no ano de 1997, após uma grande atualização, a máquina venceu o campeão em um novo confronto de seis partidas, que resultou em duas vitórias, três empates e uma derrota, sendo a pontuação final de 3,5 a 2, tornando-se então o primeiro computador a vencer um campeão mundial de xadrez dentro das regras de tempo de terminadas.

Figura 1.32 – Deep Blue da IBM.

Mas isso acabou gerando muita polêmica, pois muitas pessoas não deram crédito à inteligência daquele computador pelo fato de que a ciência exata são suas habilidades naturais, mas também isso gerou controvérsias e polêmicas dentro desse esporte de raciocínio, pois o mesmo acabou por acusar a empresa criadora do equipamento dizendo que jogadores humanos acabaram por errar mais vezes, mas a IBM retornou dizendo que os ajustes no programa ocorriam juntamente entre uma partida e outra, então o mestre do xadrez solicitou os arquivos, porém a IBM recusou-se terminantemente em retornar, pois na base de dados existente dentro dessa máquina pensante existiam mais de

700.000 partidas oriundas de vitórias de mestres e grandes mestres, momento em que foram solicitadas algumas partidas jogadas por esse computador a fim de que ele entendesse melhor o funcionamento da inteligência da máquina que seria o seu oponente, o que foi negado, seguindo então um novo desafio, mas a IBM descartou interesse e acabou por aposentar seu computador de inteligência artificial.

Neste porto do livro é importante observar que, para realizar um jogo de xadrez contra um computador, é preciso observar elementos contidos na máquina, e até o presente momento, dentro da ciência da inteligência artificial, é possível uma associação dos sistemas simbólicos e de sua metodologia que acaba por ampliar a eficácia dos mesmos, existe a possibilidade de indicar comandos que façam a máquina escolher o que fazer para privilegiar métodos heurísticos, o que resulta na designação de diversas técnicas que colaboram para a resolução dos resultados. E o papel deles mesmos é de acumular experiência onde a máquina analisa o que há mais interessante nos indivíduos profissionais e amadores, que acabam por jogar este jogo de inteligência contra uma máquina que tende a analisar o funcionamento deste jogo sozinha.

1.8 A História das Aplicações e Evoluções da I. A.

Uma boa máquina com esta tecnologia tem condição de reconhecer elementos naturais, uma vez que uma amostra de cada um deles é gravada previamente, mas, elas só podem orientar esse tipo de busca se puderem enxergar. É possível afirmar que essa capacidade de calcular sem se cansar foi um dos casos da vitória do Deep Blue, e por isso ela possui uma chance maior de realizar descobertas, mas isso, nem de longe, pode substituir a visão, pois ela não consegue orientar este tipo de busca da forma adequada.

Muito importante neste momento é citar que as máquinas realizam suas funções sem se cansar, ao contrário do ser humano, e isso ficou muito claro no duelo de xadrez que já foi citado nesta obra, mas por causa disso elas possuem uma chance e possibilidades muito maiores para descobrir o que é necessário ser analisado sem contar com a visão de máquina. Neste momento entra esta tecnologia que fornece para a máquina as ideias mais próximas possíveis do que elas estão trabalhando no momento, portanto é preciso informar que a máquina está realizando a busca sobre tais elementos e indicar se o rumo que ela está tomando é o correto ou equivocado, pois existe a necessidade de trabalhar intuitiva e analogamente, o que deve funcionar como o cérebro de um pesquisador, onde observa o local que mais facilita o seu trabalho. Isso pode ser um problema, pois, às vezes, acaba resultando em algo errado, e esse tipo de indicação é obrigatória, porque as mesmas têm a função de evitar um trabalho sistemático e que neste caso seria não indicado.

A aceleração do uso dentro dessa realidade surgiu com a formação de um grupo de profissionais da área. Reuniram-se, no ano de 1956, com a intenção de observar e reproduzir comportamentos inteligentes com o auxílio da máquina, pois, naquele momento, a tecnologia já estava no limiar para ser usada de forma prática.

Então, esses profissionais desenvolveram uma máquina que tinha capacidade de demonstrar em forma de teoremas não triviais em se tratando da lógica matemática, e o resultado dessa pesquisa foi um computador que recebeu o nome de Logiic Theorist e fazia uso dos sistemas simbólicos, além da parte de holística desses mesmos.

Então, no ano de 1956, foi o surgimento oficial da inteligência artificial que ganhou este nome e foram, com o passar do tempo , acrescentados outros elementos complementares.

Levando em consideração fatores históricos, o que é muito importante, a história da inteligência artificial apresenta quatro períodos muito distintos, que são:

Em primeiro lugar, o período ficou conhecido como o dos profetas, quando se tratava de seu nascimento, que foi no ano de 1956, onde eram atribuídas todas as funções necessárias e se falava sem um apoio que essa tecnologia teria condições de transformar todo o trabalho computacional que poderia mudar todo o planeta. Deste modo, no ano de 1957 foi anunciado que, em dez anos, as máquinas conseguiriam vencer as competições de xadrez. O caminho estava aberto para o raciocínio e o intelecto das mesmas, quando foi dito que em dez anos os computadores iriam ser capazes de escrever partituras musicais onde existia uma coerência muito grande, e que neste mesmo período essa tecnologia possibilitaria que as máquinas descobrissem teoremas muito importantes e demais trabalhos dentro da matemática, e que também neste mesmo período ela saberia a teoria da psicologia contando com programas para essa finalidade. Neste primeiro momento, todos os sucessos registrados por eles davam esperança para quem acompanhava este tipo de pesquisa.

Ao mesmo tempo que a inteligência artificial era desenvolvida, surgiu um projeto de grande porte com a intenção de traduzir de forma automática o idioma russo. Já estava na Guerra Fria e a grande paixão por esse tipo de tecnologia e informação acabava por se tornar muito popular entre as pessoas. Tudo o que era escrito em russo pelo império soviético era necessário ser traduzido com menor custo possível, e para isso as máquinas poderiam ser úteis; aliás, seriam fundamentais. Isso foi feito na busca alcançar a semelhança com o comportamento de um elemento que possuiria a intenção de induzir traduções para uma simples operação que realizava essa mudança de cor e forma e que tinham conhecimento dos léxicos e que não teriam dificuldade nenhuma em traduzir as palavras e seus sentidos da melhor e mais rápida maneira possível. Esse fato simplifica a evolução dessas tecnologias criadas nos EUA no ano de 1966 até o momento do relatório ALPAC que foi escrito sobre a determinação do departamento de estado dos Estados Unidos, e o efeito foi imediato, pois essas ações resultaram em muito apoio financeiro, pois muitas indústrias e órgãos governamentais tinham a intenção de patrocinar os planos americanos de tradução automática.

Figura 1.33 – Charge sobre a Guerra Fria.

Fonte: Papofisico.

O que ocorreu após isso foi considerado como a popularização desta tecnologia. É fato observar que as pesquisas e os trabalhos não acabaram naquele momento; as pretensões ficaram bem mais abaixo do nível que previamente existiam, pois a reforma da psicologia cognitiva e com a intenção de trabalhar sobre um modelo da informática dentro da teoria psicológica foi inspirada por muito raciocínios dentro da área e baseadas nos estudos da memória para que a máquina pudesse conceber novos modelos organizações de seus próprios conhecimentos. Dessa forma, a busca da simulação da inteligência artificial tornou sua mente uma ferramenta a mais no alcance dos programas que têm essa capacidade e qualificação, então, a partir da primeira metade da década de 1970, a noção que existia sobre os sistemas especialistas foi objeto de interesse por um grande número de pesquisadores.

Este período também chegou ao fim após dez anos, pois a inteligência artificial, sem sombra de dúvida, tinha feito, obtido, conquistado e descoberto muitas facilidades, como as de formular e gerar novas descobertas de doenças infecciosas, com sucesso, se comparados aos trabalhos dos médicos gerais. Esse sistema estabelecia um tipo de configuração para os sistemas existentes na informática da época em função das necessidades, pois existiram projetos que descobriram minas de elementos úteis e preciosos como manganês por exemplo, e isso fez com que muitos investidores prestassem atenção nessa tecnologia que era, até este tipo de uso, totalmente desconhecida para grande parte da população. Nesse momento a inteligência artificial ia ter condições necessárias para impor seus resultados, tanto na indústria quanto na mídia em geral, e esse foi denominado o período dos sistemas especialistas, pois sabem das inúmeras diversidade de aplicações industriais das técnicas empregadas e das questões abordadas. Essa tecnologia teve muita forma e acabou sendo ameaçada de ser utilizada em campos científicos para a qual a mesma não tinha sido projetada para trabalhar; era uma nova visão das utilidades dessa tecnologia.

E dessa forma deu-se início ao quarto período que trouxe uma mudança muito interessante, pois até aquele momento a inteligência artificial era bem reconhecida e também existia nas empresas este equipamento e a procura de unificar inúmeras abordagens dentro da informática para que novas possibilidades fossem abertas com maior facilidade para si, utilizando o risco de renunciar aquilo que era criado e descoberto a partir do ano. Interessante nesse momento descrever a compreensão do fenômeno que acabava por dividir a opinião das pessoas, e que se profissionalizou e tomou cor e forma, que era ligado ao elemento de evolução natural ao ponto de ser caracterizado como o ressurgimento da tecnologia cibernética que era um assunto muito mais antigo do que a inteligência artificial, pois surgiu no ano de 1948, a partir dos trabalhos de pesquisadores foi cogitado que suas pesquisas de forma diferente do que a inteligência artificial fazia, durante toda a década de 1940, quando profissionais de inúmeras áreas uniram seus conhecimentos com a intenção de fabricar um modelo do sistema nervoso, e isso torna a coisa muito interessante. Voltaremos a falar do histórico desta ciência ainda neste capitulo, pois é de interesse do autor detalhar de maneira mais fina os programas utilizados desde o surgimento e as eras da I.A.

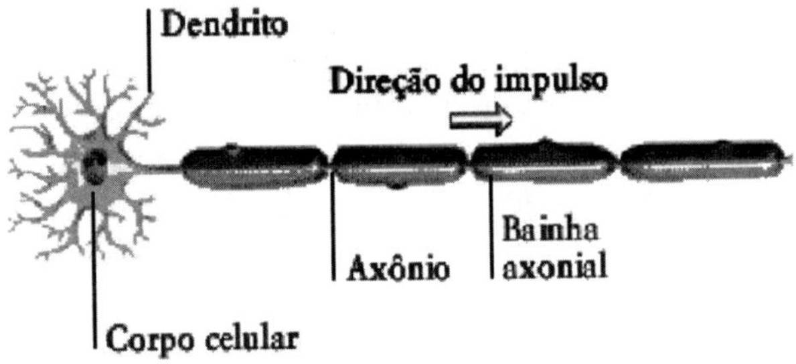

Figura 1.34 – Neurônio natural.

Fonte: UFPE.

No início, o conceito de neurônios formais eram trabalhados de forma elementar e conectados entre si com diversas determinações onde, suas variações receberam o nome de sinápticas. Elas deixavam passar um fluxo médio, pois era a intenção de limitar o fenômeno existente na plasticidade e na ótica que era observada pelos outros biólogos. Surgiu então a ligação entre os autômatos, capazes de se modificar de forma dinâmica e automática, e então por isso eles tinham a capacidade de assimilar fenômenos e aprendizagem por eles mesmos, ou seja, o computador já era capaz de aprender sozinho.

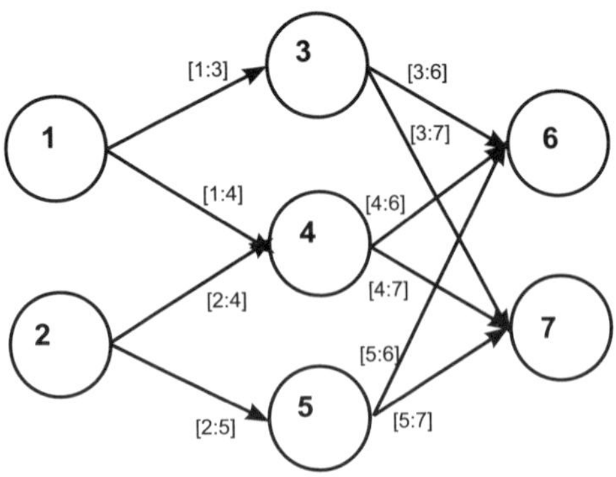

Figura 1.35 – Ligações Sinápticas.

Fonte: imasters.com.br.

Essa tecnologia também limitava os fenômenos dentro da ligação entre os autômatos, pois desse modo era muito provável esperar que as máquinas que utilizavam essa tecnologia pudessem compreender os fenômenos conhecidos como cognitivos através de uma simulação de material biológico que acabava por tomar forma, que era qualificado; ele era também conhecido como ficcionista. Neste caso, a intenção não era revelar de forma fundamental e diferente do que a inteligência artificial usava, pois já era possível modelar de forma psicológica o sistema nervoso e na inteligência artificial o que era mais importante era a simulação comportamental observada pelos pontos como inativos, ou seja, as faculdades superiores da inteligência, como por exemplo a memória, a fala, a percepção, e finalmente o raciocínio entre outros.

No ano de 1970 ocorreu refinamento de técnicas que ajustavam as ligações e provocavam uma retomada do interesse quando se tratava desse tipo de abordagem, mas, à medida que o sucesso dessas descobertas aumentava, as conexões sinápticas acabavam por acumular glórias tecnológicas transformando novas descobertas e utilidade de forma mais rápida, e eles acabavam por elucidar os mecanismos nas células nervosas em empunhar a evidência que se baseava no fato de retornar resultados eficazes em um modelo que deveria distanciar-se o máximo possível da realidade biológica. Nesses tempos modernos, esse tipo de tecnologia pode oferecer ao usuários funcionalidades originais, já que elas possuem um comportamento que pode ser chamado de fecundo, capaz de, automaticamente, modelar diversos tipos de mecanismos com grande complexidade e que acabam por intervir em inúmeras outras atividades com características cognitivas utilizando sensores existentes, e nessa ação a percepção visual ou auditiva era muito importante e também acrescentou na velocidade de mais utilizações dessa pequena tecnologia. É importante também citar que, quando é citado a parte biológica, sempre se trata de uma metáfora, pois esse tipo de conexão de neurônios, acaba por adotar por si só, comportamentos realmente inteligentes, e eles passam a fazer parte da inteligência artificial no tocante às circunstâncias as quais suas revoluções de uso são nítidas desde a sua criação. E é claro que deve ser observado que isso estimulou os pesquisadores de informática a buscarem a evolução dentro da sua atuação nesta ciência, porque não tinham muita afinidade com esta tecnologia.

1.9 Ferramentas

É possível afirmar, com certeza absoluta, que os computadores possuem um tipo de linguagem, o 1 e o 0, pois a real inteligência de máquina, binária, analisa o 0 como desligado e o 1 como ligado, afirmando que as operações que os computadores realizam existem simplesmente por causa deste fenômeno e isso cria um paradoxo, pois quando se deixa de lado a matemática, no que tange ao cálculo, para levar em consideração o raciocínio, a linguagem ou os dados, faz com que as coisas fiquem estranhas a princípio, pois existe uma oportunidade de a máquina poder enganar o seu operador trabalhando simplesmente com 0 e 1 sem que ele perceba.

Figura 1.36 – A linguagem binária e a comunicação homem-máquina.

Fonte: HQ-pictures.

Para seguir esse raciocínio, é fundamental compreender com toda clareza que o 0 e o 1 são um conjunto de agrupamentos em que são compostos por oito elementos, o que é conhecido como bytes, sendo que eles são oito, por uma questão de habilidade, pois cada sequência tem a intenção de criar um tipo de caracteres tipográficos que podem ser entendidos como uma letra do alfabeto ou uma cifra ou um sinal de pontuação ou um símbolo, e as informações fornecidas para dentro da máquina, como é o caso dos dados ou de outros programas para essa finalidade, nada mais são do que uma sequência de caracteres que acabaram se transformando em sequências binárias, ou seja, de 0 e de 1, o que sustenta a condição de afirmar que este tipo de linguagem está acima das demais em toda a história da computação.

É interessante também notar que esses textos não estão escritos no papel, pois o fato é que a inteligência artificial tem a intenção de trabalhar como se fornecesse vida dentro da máquina, pois ela tem também a função de dar atribuição à autoridade para esses textos de uma forma que não permaneça uma letra morta com a intenção de religar ao mundo e revestir a mesma em forma de código que é apresentado e entendido pelo ser humano.

Isso resulta em algo muito interessante, pois é possível atribuir aos textos essa tecnologia, que, para isso, utilizou duas disciplinas primeiramente: a lógica, que acaba por se preocupar em dar sentido a esse conjunto imenso de códigos; e a sequência, foi criada com a intenção de forjar as ferramentas que ela mesma iria utilizar, pois ela apela ao símbolo e depois coloca o mesmo em forma de conhecimento e representação.

Para observar um texto, a primeira coisa a ser feita é analisar o que o mesmo contém e determina, ou seja, seu sentido. E este é determinado, por sua vez, em um conjunto de convenções. No caso do idioma natural, elas são implicitamente admitidas em toda a comunidade, pois falam o mesmo que um homem; isso foi realizado pelos profissionais da área exata que acabaram indo com essa linguagem de máquina muito mais longe, com a intenção de fixar o sentido existente nos textos sem nunca realizar nenhum tipo de referência a tal conversa, tendo elas razão ou não. Para isso, era necessário introduzir a noção de um sistema que trabalhasse com este tipo de texto, sendo o que ele determina sendo uma relação entre símbolos em nível de comunicação e o que torna possível esta relação dentro da analogia, pois possui o sistema simbólico de comunicação.

No momento em que falamos sobre os sinais distintivos, veja bem, um homem pode escolher o tipo de texto que quer ler, técnico, literário, uma partitura musical, e toda vez que isso acontece trata-se de algo composto de uma sucessão de gráficos primários que possuem um significado de algo muito real e bem exato sobre algum assunto.

Figura 1.37 – Partitura.

Fonte: DOZOL, Adriano.

Isso existe porque o homem, em toda a sua história, inventou inúmeros tipos de idiomas, inclusive alguns que não são falados, mas existem os que saem de um sentimento da pessoa para tocar no sentimento do seu próximo; assim ele acaba se comunicando da maneira mais sublime se comparado com outras linguagens.

É importante falar que todo esse tipo de comunicação acaba por chegar ao resultado de possuir ordenação de inúmeros elementos utilizados. Desta forma é que a coerência e significado do que está sendo comunicado é determinado, em sua maioria das vezes, nas letras do alfabeto. Ainda é muito interessante levar em consideração que existem os espaços em branco que acabam por separar as palavras e seus sinais de pontuação que acabam por formar uma frase completa, e essa, por sua vez, acaba criando parágrafos inteiros.

Para que o texto tenha a possibilidade de ser analisado a fim de que o mesmo possa exprimir algo, existem dois fatores imprescindíveis, pois os elementos devem possuir sentido e devem se referir a outro assunto fora dele mesmo, ou seja, os programadores trabalhando com caracteres.

Os caracteres possuíam significado muito forte, porque, somando, eles se tratam de se unir quando montadas atravessa as regras gramaticais para que as frases nunca deixem de ser desconexas, pois essas regras podem mudar de um idioma para outro de forma completa, pois são estruturas do texto escrito e que acabam por permitir as articulações, pontuações e desenvolvimento, que nada mais são do que a capacidade de escrever um texto formal, mas também uma composição musical, um poema, um romance com base em um texto estruturado.

```
    li $v0,4
    la $a0, frase2
    syscall

    #Calculo do reajuste de 38%
    li.s $f2, 1.38
    mul.s $f10, $f1, $f2

    #Calculo do reajuste de 20%
    li.s $f3, 1.20
    mul.s $f11, $f10, $f3

    #Calculo do reajuste de -15% a serem descontados
    li.s $f4, 0.85
    mul.s $f13, $f11, $f4

    li $v0, 4
    la $a0, msg8
    syscall
    li $v0, 2
    mov.s $f12, $f1
    syscall

    li $v0, 4
    la $a0, msg9
    syscall
    li $v0, 2
    mov.s $f12, $f13
    syscall

    #li $v0,2
    #mov.s $f12, $f5
    #syscall


    li $v0,10
    syscall

.data
msg1 : .asciiz "\nDigite o nome do funcionário:"
msg2 : .asciiz "\nDigite a idade do funcionário:"
msg3 : .asciiz "\nDigite o cargo do funcionário:"
msg4 : .asciiz "\nDigite o salário bruto do funcionário:"
msg5 : .asciiz "\nNome do funcionário: "
msg6 : .asciiz "\nIdade do funcionário: "
msg7 : .asciiz "\nCargo do funcionário: "
msg8 : .asciiz "\nSálario Bruto: "
msg9 : .asciiz "\nSálario liquido: "
frase: .space 100
frase2: .space 100
```

Figura 1.38 – Programação em assembly.

Por isso foram construídas as linguagens humanas que possuem absolutamente todas as imperfeições da linguagem convencional e é por isso que, se houver um simples detalhe nas linhas de código, isso irá comprometer de maneira completa todo o prompt de comando.

É importante perceber que as linguagens humanas não são formais, mas as linhas de código do computador são, e elas podem ser possuir esse tipo de definição a partir da utilização de inúmeros sinais ou signos que, tecnicamente, são chamados de alfabeto, além das regras gramaticais que possibilitam ou diferenciam o reconhecimento desses sinais de máquinas que acabam por ter sua utilidade.

1.10 Sistemas Simbólicos

Os sistemas simbólicos são a próxima ação a ser analisada depois que as linguagens formais são escolhidas e definidas com detalhes. Os equipamentos não irão ter nenhum tipo de problema para realizar uma manipulação entre eles, pois ele trabalharia de uma forma menos complexa para possuir expressões e também para realizar uma análise da sequência de caracteres que possuem suas características a recorrer ou não da linguagem do tipo formal que é dada e utilizada.

Mas existe um, porém que, para tornar essas linguagens com as características desse tipo de sistema com a intenção de que elas sejam vivas a fim de que a máquina possa dialogar utilizando as mesmas esperando que elas possam ser usadas dessa forma, é necessário que cada uma receba o seu sentido, pois enquanto a interpretação da formalidade ocorre, então é apenas uma questão de tempo, pois, enquanto a decisão humana funciona, os computadores podem desvendar os códigos em números de forma que também não terão a capacidade de separar o que é verdade e o que é mentira. Além disso, elas não podem interpretar os enunciados que acabam por realizar de forma efetiva uma realidade do que existe apenas na questão da ficção no interior do computador.

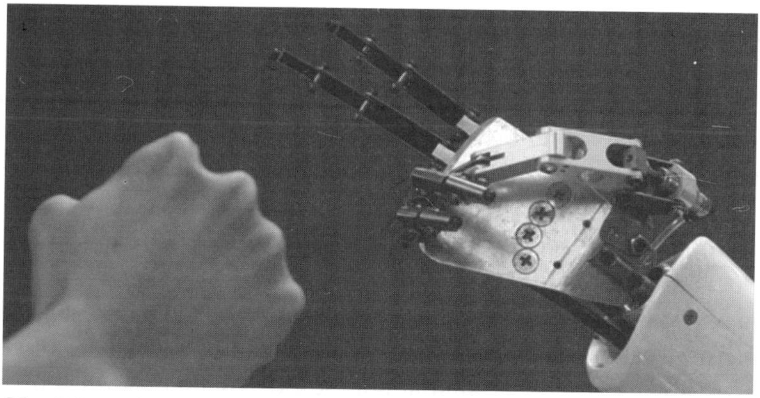

Fig 1.38 – Brincando de pedra, papel e tesoura com um robô com Inteligência artificial.

Fonte: julianamarieccai.

Mas existe um detalhe fundamental que é imprescindível para que as linguagens ditas formais sejam úteis ao homem. Em virtude desse fato, torna-se necessário que as mesmas tenham a capacidade de apreender o sentido de todas as expressões manipuladoras. É com essa intenção que a mesma busca os sistemas simbólicos. Importante se lembrar que está sendo dito e aplicado este tipo de abordagem como ações matemáticas em elementos de diversos tipos e com essa intenção a máquina deve buscar as noções elementares no que tange aos teoremas e à teoria de Euclides que acabaram sendo reutilizadas e traduzida para linguagem de máquina.

Figura 1.39 – Euclides.

Fonte: osmaiorespensadoresdahumanidade.

Este modelo surge a partir de alguns postulados que acabam por evidenciar e denominar os axiomas verdadeiros, em seu trabalho, logo na sequência, a de não utilizar de regras definidas de maneira muito exata que acabam por criar axiomas que geram novas proposições. Isso se chama teorema, mas em se tratando dos sistemas simbólicos o procedimento não é exatamente igual, mas muito similar, pois o mesmo insere as regras e derivação e os teoremas em um idioma formal que foi definido antes que todos esses elementos fossem utilizados.

Já em se tratando de analogia, como ocorre nas ciências exatas, principalmente nas matemáticas, pois somente no Brasil este nome é utilizado no singular. O nome correto é no plural, porque existem diversas matemáticas, e nesse caso cada uma das expressões obtidas através da aplicação das regras de derivação usa sintomas que acabam sendo denominados como um teorema, e assim que o mesmo é criado ele se torna totalmente independente de qualquer tipo de interpretação. Isso se deve ao fato de que o significado desses sinais não interferem enquanto sua derivação existe.

A intenção é muito simples, basta atribuir que essa noção existente no sistema simbólico acaba por referir-se a um enunciado onde é possível analisar o que é adequado nas expressões que as mesmas designam, ou seja, ele passa de ser uma indicação de como se torna um símbolo.

Tratando-se da origem desse elemento, ele provém da palavra grega que se chama *symbolon*, que eram objetos de argila que, quando quebrados em dois, eram um dado ao hóspede e outro ao anfitrião. Cada um dos dois principais elementos, ou seja, o anfitrião e o hóspede, conservavam uma das metades, e esses dois cacos de cerâmica eram então transmitidos através das gerações, quando fazer uma viagem era algo muito raro e também muito demorado, mas pode-se observar que, pela década de 1950, as mesmas eram raras e também demasiadamente lentas, pois hoje se faz em algumas horas o que se levavam muitos dias ou até semanas. E na junção dessas duas partes existia a possibilidade de provar que existiam, de fato, relações anteriormente realizadas pelas pessoas no tocante à hospitalidade estabelecida nas famílias amigas ou por parentesco, portanto, por derivação, é possível afirmar que o símbolo é uma imagem que possui uma função descritiva de um elemento através da analogia que existe na troca de correspondências (GANASCIA, 1997).

Figura 1.40 – Os vasos divididos ao meio.
Fonte: Prosadecrente.

Desta forma, o sistema do tipo simbólico acaba por possibilitar a construção de objetos complexos dentro da ciência da informática, e que esses acabam por observar as diversas realidades e também por corresponder com outros tipos de objetos que acabam por designar outros elementos além deles mesmos, ou seja, o simbolismo que existe nesse sistema da mesma forma citada no exemplo, o sistema simbólico acaba por realizar a observação propor a união entre os teoremas e os não teoremas a fim de que os mesmos correspondam de forma analógica à divisão entre o mundo real e o mundo virtual que também está sendo formado por expressões, e que sempre recebem novas instruções ou pensam por si mesmos para realizar as soluções dos problemas.

Então existem noções que são utilizadas da maneira mais correta possível com a intenção de realizar uma medida que afirma até que ponto ela é adequada em um sistema simbólico que representa uma completa coerência. É por isso que o sistema simbólico possui uma grande coerência no que se refere à interpretação de todos esses teoremas que acabam surgindo e são utilizados no interior neste tipo de processo. Dessa forma, a máquina limpa seus dois sistemas simbólicos que possuem, todas elas, uma contrapartida que existe no mundo real.

$$
\begin{aligned}
A + 0 &= A & \qquad A \cdot 1 &= A \\
A + 1 &= 1 & \qquad A \cdot 0 &= 0 \\
A + A &= A & \qquad A \cdot A &= A \\
A + \bar{A} &= 1 & \qquad A \cdot \bar{A} &= 0
\end{aligned}
$$

Figura 1.41 – Sistema Simbólico.

Fonte: eletronicadigital.

O sistema simbólico, para ser tratado como coerente, mas com uma interpretação, quando ocorre o fenômeno em que todos os teoremas que derivam do mesmo são 100% válidos interiormente nessa interpretação, ou seja, o que pode ser chamado de sistemas do tipo simbólico, tem, em comum, algum idêntico existente no mundo real.

Continuando com a mesma ideia, também é possível afirmar que o sistema simbólico é o que existe de completo para uma interpretação se tudo aquilo que é válido interiormente neste sistema, ou seja, as saliências da realidade, devem encaixar num sistema para que exista a concretude enquanto suas saliências devem engajar-se numa realidade, a fim de que exista uma coerência. Isso também pode ser utilizado em ações onde existem números inteiros positivos.

Com base no que acabou de ser escrito, é possível observar com grande clareza que, interiormente, os teoremas e teorias formais e a matemática possibilitam uma demonstração correta em que todo o sistema simbólico existe, e eles foram criados com essa finalidade, mas o desenvolvimento dos computadores pessoais acaba por criar uma interrogação que sugestiona, com a intenção de procurar compreender objetos não formais, como no caso da linguagem natural, a palavra articulada, os jogos de todos os tipos, o funcionamento do olho humano, a descoberta científica e o raciocínio, para com todos esses dados, formar um conjunto que pode ser inserido no sistema de inteligência artificial.

1.11 Tecnicamente Falando

Parte deste tipo de tecnologia fora criada por matemáticos com a intenção de adquirir conhecimento de maneira sólida no que tange à demonstração da aplicação da matemática. Existe a necessidade de os mesmos estarem usando esses recursos, bem como as expressões existentes na linguagem formal. Também é importante lembrar que essa tecnologia é utilizada como se fosse um simulador existente somente dentro da máquina, onde as ações, que também podem ser atribuídas como raciocínios, são, é claro, provenientes das ciências exatas, principalmente a matemática, mas sua utilização dentro dos computadores resulta em duas dificuldades que se mostram maiores do que tantas outras existentes nessa tecnologia.

A maior de todas elas se chama muralha combinatória, que ocorre nos casos onde existe uma complexidade, pois há muitas possibilidades que acabam resultando em dados que são “jogados” para fora da máquina, e isso ocorre porque existe uma abundância de informação, onde trabalhe, é claro, um sistema de busca, mas mesmo com ele é impossível, o que é necessário saber sobre o assunto que está contido dentro da máquina, mas, na inteligência artificial, quando o mesmo fenômeno ocorre, são mínimas as oportunidades.

Além do tamanho, podem existir outros livros ou obras com o mesmo título e também livros repetidos, portanto, não existe uma informação precisa para que a referência ocorra para todos esses dados. Isto é impossível, pois o volume dos mesmos é tamanho que levaria um tempo muito grande para tentar encontrar a obra ou citação necessária, como em uma enorme biblioteca.

Figura 1.42 – Biblioteca Joanina da Universidade de Coimbra.
Fonte: enquantoistonaestante.

A segunda grande dificuldade seria a limitação intrínseca que existe como características indispensáveis do sistema simbólico, pois, como já foi dito nesta obra, ele pode utilizar uma simbologia para retratar uma realidade, mas é necessário que seja assegurado de forma adequada esse sistema simbólico, e sua interpretação, portanto, isso acaba por utilizar duas noções que são a coerência e a completude que tornam este tipo de sistema simbólico, tudo o que ele possui, mais uma formalização maciça. Este detalhe, já faz com que este tipo de ação, em relação aos inúmeros raciocínios existentes dessa tecnologia que já foram feitos anteriormente, mas que seriam totalmente incapazes de construir novidades, como se fossem um ser humano dentro do seu ofício adquirindo, dia após dia, se tornando menos suscetível a erros.

Figura 1.43 – Robô Cirurgião.

Fonte: pbrasil.wordpress

1.12 Heuristicamente Falando

Como já foi dito, os sistemas simbólicos que trabalham dentro da informática possuem dificuldades que já foram vistas, que é a muralha combinatória, mas também existe o fator heurístico ou o problema da inadequação.

Para que o primeiro problema seja resolvido, foi criada esta noção, com o objetivo de editar as possibilidades e eliminar o que a máquina pode considerar inútil, mas que existe o risco de o responsável cometer algum engano e acabar por não orientar as direções aparentemente que são mais suscetíveis ao sucesso nas buscas. Ainda, a heurística, neste caso, são ferramentas que têm a função de premeditar todas as consequências das escolhas realizadas pelo homem, e que acabou por ajudar muito a analisar os eventos existentes no tempo presente.

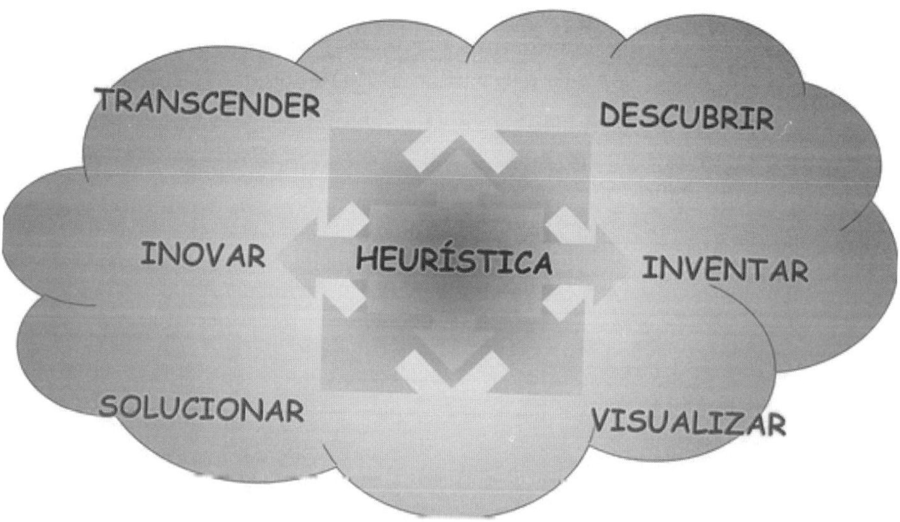

Figura 1.44 – Modelo de Heurística.

Fonte: yonara.wordpress

Então, é possível afirmar com certeza que o conjunto de todas as eurísticas acaba por criar o catálogo de catálogos, pois se trata de um grupo de indivíduos que realizam as buscas de dentro de grandes bancos de dados, mas não existe um fator que aconselha, de maneira total, sobre a utilização dessa ferramenta, pois ela acaba retornando resultados não incompletos e geralmente de avaliações superficiais e não exatas.

Importante também levar em consideração que os sistemas do tipo simbólicos utilizam teoremas a partir de axiomas no ato de aplicar regras de derivação, pois trazem a heurística sobre a ordem onde essas utilizações devem ser realizadas, pois dão mais atenção a certas privações em detrimento de outras, e, de vez em quando, por bloquear outras que também são de igual ou maior importância. Desta maneira, são introduzidas dentro dos sistemas simbólicos ações que acabam por fazer com que ele funcione na sua função original, que se trata de simbolizar e permitir que a informática seja utilizada com esses fins.

Importante historicamente citar o primeiro programa de inteligência artificial: chamava-se Logic Theoristic, e acabava por distanciar das tentativas que foram realizadas anteriormente utilizando um fator de uso do elemento de origem; eles possuem a capacidade de se basear nas avaliações levando em consideração que existia, de fato, uma distância onde estava localizado teorema a ser demonstrado, ou seja, usar sintomas de teoremas já de conhecimento do operador; então surgia a necessidade da escolha que primava por reduzir o máximo possível e de forma direta esta distância que os dados estavam sendo trabalhados e buscados pelo operador da máquina.

Figura 1.45 – Logic Theorist.

Fonte: Youtube.

Este programa de inteligência artificial tinha a função de caracterizar e manter o conhecimento da distância de todas as tentativas que ocorreram antes da sua criação; ele fazia isso através da utilização da heurística que era baseada em nível de avaliação, onde deveria existir a uma distância entre o teorema a ser buscado, que nada mais era do que realizar o processo total de busca otimizada, e os axiomas, assim como os outros teoremas que já foram citados neste livro, e a partir daí a ação era escolhida com a intenção de reduzir, de forma sistemática, o problema da distância dos dados.

1.13 Como Ocorre a Representação dos Conhecimentos

Importante observar o que ocorre quando um sistema simbólico acaba por designar fatores do mesmo tipo e que podem ser irredutíveis a certos tipos de expressão literal, independente de qual for. É neste momento em que a questão da avaliação da forma mais adequada tenta essa busca dentro de um sistema simbólico.

Analisando de uma maneira mais clara, é possível criar computadores com essa tecnologia para que os mesmos sejam capazes de reproduzir movimentos humanos, como no caso de um robô que toca algum instrumento musical, ou algum sistema existente dentro da medicina utilizado para auxiliar no diagnóstico e, posteriormente, na cura de pacientes. Nesses casos e em muitos outros é que a representação dos conhecimentos acaba por possuir sistemas simbólicos que representam o que está sendo trabalhado, desenvolvido ou até o que está sendo descoberto..

Figura 1.46 – Mãos robóticas tocando piano.

Fonte: Google images.

Nesses pontos, a resposta existente dentro da inteligência artificial é muito clara, pois irá retornar que a necessidade do mesmo não tem uso, pois, se a máquina imitar o comportamento do profissional para criar conhecimentos dentro de um computador utilizado em alguma sessão com essa tecnologia, bastaria, para isso, produzir novamente os fenômenos no que tange à compreensão da linguagem com a finalidade de criar um computador que acabe dialogando de forma inteligente com o operador; a forma correta de usar essa tecnologia é o aprimoramento que ocorre quando a mesma se aproxima do homem.

É fato que o comportamento humano é extremamente particular, e isso torna o mesmo muito difícil de ser verbalizado, pois existem dentro do cérebro humano noções filantrópicas e antropológicas que acabam por englobar toda a ciência até que a máquina consiga dominar os mesmos. A dificuldade disso não se encontra na exploração humana de maneira sistemática, mais em uma elucidação do comportamento ou infinitivo do mesmo até que sejam estabelecidos fatores paralelos entre esses comportamentos juntamente com as manipulações consideradas sintáticas que são produzidas pelo computador através do uso da cadeia de caracteres.

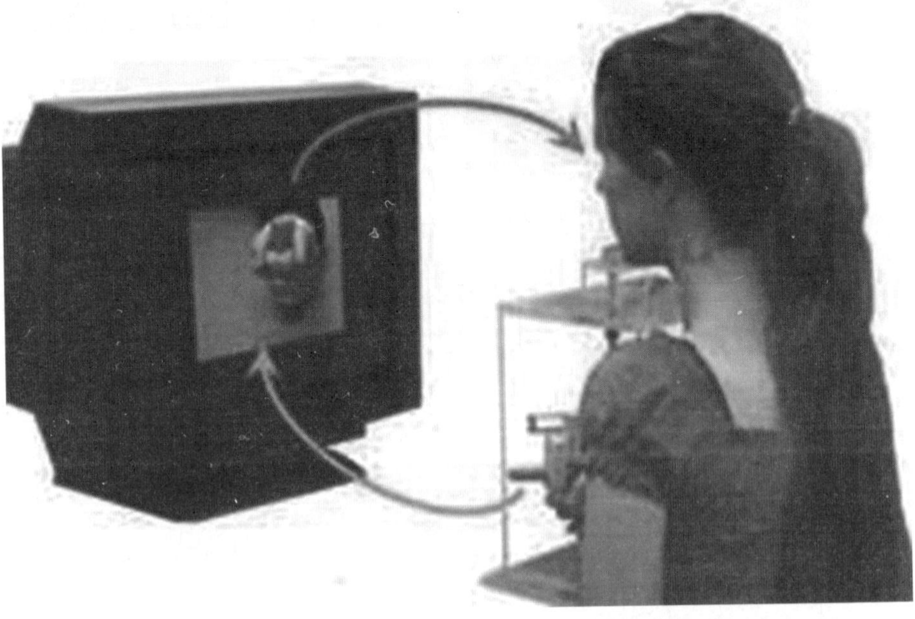

Figura 1.47 – Comunicação homem-máquina.

Fonte: Google imagens.

Por isso, novas interações ocorrem e acabam por criar um tipo de sistema que pode ser descrito como liberal e que funcione em tempo real com a intenção de analisar as intenções entre os homens e as máquinas. Isso é conhecido como parceria virtual, qaundo as possibilidades são buscadas com a intenção de explorar e compreender uma enorme variedade de interações que existem na mente humana e dentro do computador, e que essa união, muito bem-vinda, pode criar um tipo de computador totalmente diferente.

Já faz mais de duas décadas e meia que pesquisadores ao redor do mundo estão tentando decifrar este tipo de lei comportamental coordenada, conhecida como coordenação de mão, mas as leis dos movimentos dos corpos físicos, juntamente com as equações de coordenação dinâmica, acabam por descrever de que maneira os estados de coordenação de um sistema especialista evoluiu muito ao longo do tempo, como pode ser percebido através das enormes quantidades com essas características que são conhecidas com variáveis coletivas, que são, por sua vez, as que observam certos tipos de quantidades para juntar e fazer interagir de maneira mais harmoniosa possível o organismo e o ambiente em nível de interação. O resultado deste tipo de tecnologia é extremamente curioso e brilhante, pois pode existir uma ação conjunta entre o ser humano e o computador para que um possa e tenha condições de modificar o comportamento do outro.

Existe um grupo interdisciplinar chamado PLoS One que acabou por desenvolver um equipamento denominado VPI (Virtual Partner Interaction), que nada mais é do que o sistema híbrido onde o ser humano interage com a máquina. Essa pesquisa foi realizada em cima das inserções das equações de coordenações dinâmicas como ocorrem na mente humana diretamente para dentro do computador e acabaram, por isso, gerando esses acontecimentos em tempo real, neste tipo de parceria tecnológica, é possível obter resultados que possibilitam uma maior compreensão dentro de uma ampla variedade de interações que podem ser ligadas entre a mente humana e a mente da máquina. Essa tecnologia tem condição de ser o início de um estabelecimento de uma sólida união, do homem com a máquina, principalmente nas criações que são feitas de forma muito mais simples, com resultados cada vez mais satisfatórios.

Figura 1.48 – Símbolo do PLoS.

Fonte: PLos Official Site.

Utilizando essa tecnologia, a mesma resulta em uma parceria virtual onde o homem e a máquina são utilizados em tempo real a fim de que o mesmo possa adquirir informações sobre a máquina a qual está conectado através da percepção do comportamento da mesma, na forma como um parceiro virtual detecta de forma contínua o comportamento do ser humano, utilizando, para isso, sensores muito avançados. Essa abordagem existe de forma dinâmica ou análoga para estudar as interações entre os neurônios com a diferença, neste modelo, onde ambos são ajustados ao comportamento humano.

Cabe salientar que, no início desse estudo da tecnologia, tanto as máquinas quanto os comportamentos que o homem realiza acabaram sendo escolhidos de maneira bastante simples a fim de que ambos pudessem comprovar partes do corpo humano, onde o homem ficou com a responsabilidade de executar a tarefa com a intenção de que a mesma fosse realizada, em nível de coordenação com a máquina, além da extensão com seu parceiro e virtual, ou seja, o computador. Já a função do mesmo pode executar este procedimento objetivando a competição e realizando uma contrária às dos humanos, ou seja, a tentativa da máquina era soltar a parte do corpo humano quando o mesmo estava flexionando e vice-versa, com a intenção de que a máquina agisse contra a vontade do homem, pois existiam protocolos que exigiam ações opostas, e esse tipo de tarefa nada mais foi do que uma forma de reforçar as ideias dos pesquisadores de desenvolverem informações consideradas emergentes em nível comportamental, além de permitir e examinar cada parceiro individual com a intenção de contribuir para o conhecimento comum. E o resultado sempre é muito interessante, mais foi nada mais do que uma brincadeira com a tecnologia e com a interação.

Não deve ser deixada de lado a simetria existente entre o ser humano e o computador, e também o fato de que as duas partes possuem mesmas leis no que tange à coordenação. Isso abre uma outra perspectiva dentro do enquadramento da ciência, pois a concepção realizada desta forma acaba por perceber equações que trabalham o movimento do sistema comportamental e neurológico do corpo humano e quando as mesmas se acumulam e descrevem como o corpo humano se organiza na hora de resolver questões de alta referência da forma mais complexa por si.

A adequação entre a máquina e o ser humano não tem mais condição de ser analisada nos termos referentes à coerência e amplitude dos sistemas simbólicos, pois existe a garantia da existência e da identidade entre os resultados da máquina e os dos homens, além da obrigatoriedade de dar garantia ao homem juntamente com a máquina para que o rombo chegue a ela de forma análoga a fim de justificar comportamentos semelhantes e com a particularidade de serem capazes de explicar todo o raciocínio da mesma maneira. A reprodução analógica do comportamento cognitivo juntamente com a inteligência artificial acabam por, quando usados corretamente e juntos, criar uma verdadeira dimensão. Só que, para chegar a esse encontro, ela deve, a menos de forma implícita, atribuir diversos conhecimentos na inteligência artificial encontrada dentro do computador, pois quando se depararam diante de uma questão que possui características essenciais trazem a interação.

1.14 A Máquina e o Homem

Chega o momento de afirmar que a inteligência artificial não poderia ser detida por causa dos resultados técnicos que trabalhavam de maneira relativa apenas para os computadores se comunicarem entre si. Como ela se comunica como homem, deve possuir expressões de uma linguagem formal, que são as regras sobre correntes ou derivadas que acabam por trabalhar as expressões e as teorias estéticas que orientam a aplicação de todas essas regras ao conhecimento notório dos homens que a opera, mesmos os usuários básicos de sistemas operacionais baseados em raciocínio, pois é o homem que está no centro de comando e não a máquina, porque a função delas é cumprir as determinações do homem e se comunicar com ele em forma de simulação ou indireta, dependendo de sua serventia.

Mas é fato observar que o foco deste livro trabalha entendendo o homem como receptor do que a máquina o envia, pois para trabalhar com um computador que realiza cálculo ao mesmo tempo que raciocina é complicado. Não quer dizer que não seja absolutamente necessária a fisiologia cerebral no computador. Mesmo nos sistemas especialistas montados por pessoas que pretendem inserir no mesmo todo o seu conhecimento, também não é necessário que o mesmo se ajuste a psicologia, que, na opinião do autor, em sua face clínica, ou seja, a psicanálise, trata-se de uma das maiores fraudes explícitas da história da ciência. Só não é maior do que a teoria da relatividade do Sr. Albert Einstein, já que o descobridor da relatividade foi o pesquisador Henri Poincaré. A psicanálise certamente foi encomendada por algum órgão mundial a um instituto que trabalha com lavagem cerebral, e escolheram seu "autor" para ser testa-de-ferro e que nada tinha a ver com a descoberta dessa falsa ciência. A partir daí a mesma começou a trabalhar por empeçonhar os relacionamentos dos filhos com os pais, com a intenção de destruir a unidade da sociedade, ou seja, a família, pois onde não existe família impera o caos. Desta forma, a comunidade se desespera e acaba aceitando a primeira proposta de resolução do problema existente, ou seja, eles recebem uma solução para o problema que os mesmos órgãos criaram.

Figura 1.49 – Sigmund Freud, o "autor" do segundo maior placebo da história da ciência.
Fonte: Wikipédia/divulgação.

Trabalhar com a parte sentimental do cérebro humano resulta numa descoberta por parte desta psicanálise que sempre tende a piorar a situação da doença mental do paciente. Faz-se mister lembrar que o autor, dentro de toda a psicologia, só é contra o engodo, ou o placebo de chamado de psicanálise, pois o mesmo nunca funcionou, tanto que o autor, em toda sua "brilhante" carreira, exclusivamente dentro da psicanálise, teve somente seis pacientes e não conseguiu curar nenhum, além das dezenas de mortes que o mesmo causou utilizando cocaína injetável para fazer tratamento em indivíduos dependentes do ópio, entre outras coisas absurdas, mas este livro é de inteligência artificial, portanto o autor não necessita de se aprofundar nas denúncias sobre essa calamidade, porque ela nada é inteligente, nem para quem pratica nem para quem é tratado.

Voltando ao assunto, são inúmeras reservas impostas pela natureza, como os animais raciocinam, são observados e classificados, mas o homem permanece no centro de tudo, porque ele criou as máquinas apenas para confirmar sua notoriedade intelectual sobre o mundo que o cercava a fim de evitar cada vez mais que os erros se repetissem para trabalhar de uma maneira mais rápida também. Tudo isso se deve ao fato de o homem estar presente e trabalhar com a máquina dando o sentido para as atividades ele acaba por usar seu raciocínio na intenção de manipular a máquina, fato que é possível, pois ele existe na tecnologia dos dias atuais.

Trabalhar com sistemas do tipo simbólicos é observar que os mesmos são posicionados um pouco abaixo do que deveria desde a criação da inteligência artificial, quando existia a necessidade de mecanizar e automatizar teoremas oriundos da matemática ou demais eventos de cunho intelectual. Ficou esclarecido que não existia nenhum tipo de fórmula milagrosa ou uma solução para todos os problemas existentes, pois foi muito rápido para se dar conta de que era uma pretensão muito grande por parte do homem tornar máquinas realmente inteligentes como ele próprio, salvo se a máquina dispusesse de um saber análogo ao saber do homem e que possuísse inúmeros fatos de conhecimentos. Portanto, fez-se necessário inserir muitos dados nos sistemas simbólicos com conteúdos cada vez mais palpáveis do que os predecessores, e essas ações acabaram por originar os sistemas de base de conhecimento e depois os já conhecidos sistemas especialistas, que serão tratados nesta obra. São este tipo de conhecimento que acabam por explicar a importância e também o caráter crucial do verdadeiro conhecimento utilizado na inteligência artificial, mas é possível observar através desse tipo de procedimento que é extremamente fácil conceber o que é realizado pelas pessoas que trabalham na área da informática para falar de conhecimento, porque isso não pode ser considerado um conhecimento legítimo e por isso o emprego desses termos, ligados ao conhecimento, não diz nem explicam do que se tratam esses termos.

Figura 1.50 – Dr. Henry Poincaré, o verdadeiro descobridor da Teoria da Relatividade.
Fonte: Divulgação.

Deve-se, diante de tudo, observar que existe um tipo de distinção do termo conhecimento que provém de uma intimidade ou afins, de um contato prolongado com objetos, e em outro sentido é o conhecimento transmissível que é insinuado de um homem para outro homem. O importante é que o conhecimento seja totalmente subjetivo, por isso, o mesmo deriva de uma experiência pessoal e também de uma história individual, enquanto, noutro sentido, o mesmo pode ser transmitido e isso proporciona que o operador da máquina consiga distinguir entre a melhor maneira, um conhecimento por frequentação, ou seja, um contato pessoal e também um conhecimento por descrição física de elementos de pessoas dentro do conhecimento da máquina que não é da mesma ordem de conhecimento.

Para encerrar as discussões – isso foi tratado dentro da área da inteligência artificial de que não existe a possibilidade de criar uma pessoa artificial que possua consciência –, é possível, sim, um indivíduo especialista nesta área guardar todo seu conhecimento dentro de um sistema como este, mas isso é muito diferente da criação de um humano artificial, pois o mesmo deveria obrigatoriamente ser dotado de consciência. Isso vai de encontro a uma barreira que as máquinas não conseguem ter: até o presente momento, uma personalidade própria que faça com que isso seja de conhecimento das coisas ao redor, mas essa questão está mudando, como será visto nos próximos capítulos deste livro, que serão dedicados à robótica.

Este fato faz com que o autor afirme que o conhecimento existente dentro dessa tecnologia é sempre descrito, e conforme disse GANASCIA basta simplificar comparando-o com o conhecimento que as máquinas possuem e o conhecimento que existe impresso nos livros, que é atribuído às máquinas. No que tange ao conhecimento, não é possível afirmar que o mesmo possa ser reduzido no que tange a sua expressão e na parte literal, pois não se fala do conhecimento dos livros, mas no que existe no conteúdo dos mesmos quando é citado, o conhecimento das máquinas; isso significa que não se trata do um conhecimento 100% maior nos tempos atuais, pois ele possui características instrumentais que determinam como a máquina se comporta dentro da sua dimensão e capacidade de utilização.

Figura 1.51 – Brinquedo robótico.

Fonte: vibr.

1.15 A Consciência e a Máquina

Já a consciência é algo que não pode ser construído dentro de uma máquina, pois a mesma não analisa as coisas de uma maneira geral, mas sempre simplificada na área exata, portanto, ela não pode ter sentimentos como o de arrependimento ou medo, ou amor e demais comportamentos deste tipo de classe.

É necessário compreender que durante anos é muito provável que muitas dificuldades surjam e, quando isso acontecer, será fundamental que sejam inseridos os dados em seu contexto, mesmo existindo máquina de última geração e dezenas de centenas de linguagens de programação e de usuários programadores que acabam resolvendo um problema, pois o autor afirma que não é somente a maneira como a máquina utiliza suas memórias e também desenvolve e assimila a capacidade humana de fornecer para ela instruções corretas em todos os sentidos, e logo após isso é a hora de o homem interpretar e analisar os resultados que são enviados pelas máquinas. Isso se trata de comunicação homem e máquina, tema tão curioso presente na imaginação de muitas pessoas, profissionais da área de informática, a robótica, ou simplesmente leigos que gostam do assunto, pois é fato que o mesmo é extremamente interessante para um número muito grande de pessoas.

1.16 Introdução à Cibernética

Então chegou o momento de falar sobre a cibernética, uma ciência que tenta compreender a comunicação, no que tange ao controle, não só dos computadores, mas também dos seres vivos e da comunicação em grupos sociais através do uso de analogias juntamente com máquinas eletrônicas, pois elas possibilitam, dentro dessa ciência, um estudo e um aprimoramento da informação que devem existir internamente durante esses processos, como, por exemplo, o uso de retroação e da divisão e classificação do que a máquina é e o que são os seres biológicos, sendo humanos ou não; isso é uma área que existe também na semântica.

Estudar esses autômatos leva o pesquisador para inúmeras áreas científicas diferentes, e essa ideia neutraliza a casualidade e fornece um ponto para que exista um círculo casual onde um elemento atue sobre outro, e que acabe retornando para si mesmo. Este tipo de mecanismo se chama regulação e permite que o sistema seja automático, um organismo, um grupo social, uma máquina etc., e também é importante citar que a cibernética é um tipo de pesquisa realizada em países de todo mundo, pois ele pode ser usado para planejar a parte econômica e também para desenvolver o maquinário, indúustrias bélicas, gerando imenso lucro, pois quando as armas são necessárias elas devem ser adquiridas custe o que custar. Esta tecnologia ainda pode analisar a produção na sua quantidade, quem está realizando essa produção e para quem a mesma está sendo encaminhada ou desenvolvida.

Figura 1.52 – Painel de controle de comunicação homem-máquina.
Fonte: supportautomação.

Cientificamente, o surgimento da cibernética ocorreu no ano de 1948, quando o matemático norte-americano chamado Norbert Wiener publicou um trabalho sobre a regulação no que tange à comunicação de uma máquina e de um animal. O termo cibernético foi impregnado oitenta anos antes na Inglaterra e ele determinava os estudos dos mecanismos que tinham por característica a de trabalhar como repetição, e ela já era usada há várias décadas antes disso tudo; de fato, ela não se tratava somente da automação, mas sim de uma ciência governamental para observar os cidadãos e trabalhar para que eles possam utilizar mais vezes essa tecnologia.

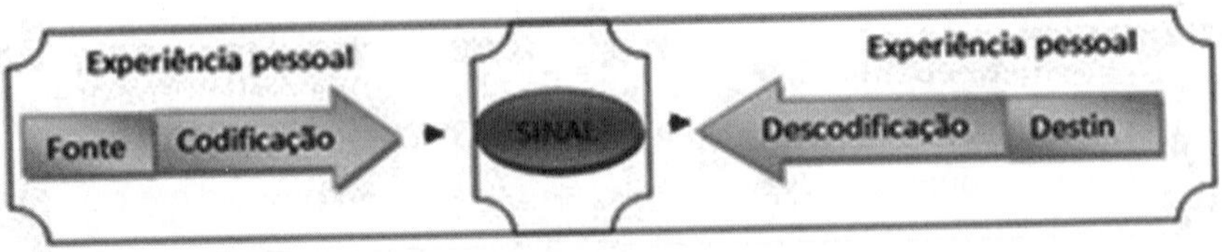

Figura 1.53 – Comunicação cibernética.

Fonte: modelosdecomunicacao.blogspot

É possível também observar que Platão utilizava essa palavra, que, em grego é kubernetes, que significa piloto, sempre que ele utilizava para designar o ato de conduzir algo, como lecionando, onde o homem que possui condições para transmitir conhecimentos de qualquer assunto, ou em qualquer outro elemento necessário.

Figura 1.54 – Norbert Wiener.

Fonte: outraesquerda.

É possível, então, afirmar que esta ciência nada mais era do que aquela que teoriza e regula a comunicação na máquina ou no animal, e o grande mérito existe no fato de que Norbert foi o primeiro a compreender através do estudo e da análise de inúmeras ciências este tipo de teoria.

Figura 1.55 – Platão.
Fonte: afilosofiano.sapo

Portanto, a cibernética existe na humanidade há muitos séculos, pois o homem sempre possuiu a necessidade de se comunicar, e ela pode, nos dias de hoje, ser cada vez mais útil com o avanço tecnológico.

No tocante às ações, inúmeras delas particulares, sempre existiu o assunto sobre a inteligência artificial, isso nunca pode ser vinculado à ideia de que está sendo criado um indivíduo artificial que possua consciência, e, em virtude deste fato, a máquina não possui e nunca vai possuir, com a tecnologia que existe até o dia de hoje, uma personalidade que faça com que a mesma possa conhecer; portanto, é fácil observar que o conhecimento dos detalhes das máquinas acabou sendo sempre em forma de descrição.

Isso acaba se transformando em um fator muito simples, e qualquer pessoa pode se convencer realizando uma comparação entre o conhecimento que existe dos computadores e o conhecimento literal, pois o conhecimento da máquina não pode ser reduzido simplesmente a sua expressão ou liberalidade. Levando esse quadro em consideração, é fácil notar, que existe, entre os especialistas, uma análise do conhecimento dos homens, mas o conhecimento das máquinas deve ser levado em consideração, pois possui uma função instrumental que determina o comportamento artificial, ou seja, o comportamento da máquina.

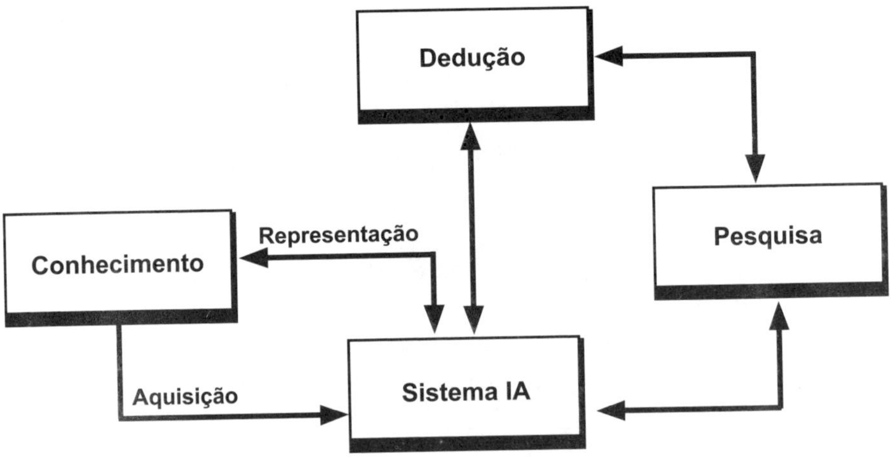

Figura 1.56 – Uma visão conceitual dos sistemas de Inteligência Artificial.
Fonte: UNIRJ.

1.17 A Origem do Termo Inteligência Artificial

Tentando falar diretamente do que se trata inteligência artificial, não existe uma maneira correta para definir com total precisão alguns termos extremamente avançados, bem como a ampla gama de utilidades que essa tecnologia pode utilizar. Este trabalho vai desde o entretenimento até ações médicas de cirurgia ou tratamentos. É possível observar que a inteligência artificial nada mais era do que um campo que tinha a função laboral ou acadêmica de fazer com que os computadores acabassem realizando tarefas que as pessoas realizavam de uma forma melhor.

Este termo surgiu no ano de 1956, no encontro de Dartmouth, onde estavam presentes indivíduos que tinham grande conhecimento da ciência convencional. Já no início da década de 1960 foram introduzidos os processamentos simbólicos, como já observados nesta obra; portanto, no lugar de construir sistemas com a característica de serem baseados em números, surgiu a necessidade de estudos sobre a construção de sistemas que manipulassem, de forma simbólica, e esses estudos possibilitaram, posteriormente, o desenvolvimento mais rápido da inteligência artificial.

A partir daquele momento, todo tipo de corrente de pensamento, em se tratando de inteligência artificial, acabava por ser utilizado para o estudo, que é estabelecer comportamentos inteligentes nas máquinas. Portanto, o grande desafio deste tipo de pesquisa, desde seu início, pode ser facilmente sintetizado como uma pergunta que existe há várias décadas: como fazer as máquinas compreenderem as coisas?

A inteligência artificial tem sido estudada de maneira acadêmica desde os anos 50, porém somente nos últimos tempos ela acabou por gerar um interesse que tem crescido cada vez mais para o surgimento de aplicações dentro das áreas sociais aplicadas e isso é sem sombra de dúvida um fator de decisão que surgiu para o sucesso dessa mudança de ser uma tecnologia totalmente acadêmica para ser utilizada de forma industrial. E os avanços tecnológicos, de fato, são grandes, pois os equipamentos construídos nas duas décadas e meia passadas até os dias de hoje permitem que esta tecnologia se torne cada vez mais útil gerando lucratividade.

Figura 1.57 – I.A. em braços robóticos.

Fonte: monografias.com

O sistema de inteligência artificial não pode ser observado como um recurso que possui somente a capacidade de armazenar e também de manipular os dados; essa tecnologia também adquire, representa e manipula o conhecimento, e nisso tudo está inclusa a capacidade de induzir novos tipos de conhecimentos ligados a fatos e conceitos a partir do que existe e da utilização de métodos de representação e manipulação com a intenção de resolver as coisas mais complexas que são extrema e naturalmente não quantitativas, mas extremamente complexas.

O primeiro sistema especialista baseado em conhecimento foi escrito no ano de 1967 e se chamava DENDRAL. Ele realizava elementos dentro das estruturas de compostos químicos que na época eram desconhecidos, baseados nas análises de rotina pela qual ele analisava. Após isso, os sistemas especialistas baseados em regras, bem mais atuais e sofisticados, acabaram por desenvolver programas como MYCIN, pois ele utiliza de diversas regras derivadas das áreas da saúde, tendo a intenção de raciocinar ou deduzir, a partir da inserção e, depois disso, na observação, para adquirir conhecimento em seus bancos de dados, sobre sintomas de alguma doença ou moléstia.

Um grande número de pesquisadores acredita nesse momento que a inteligência artificial é uma tecnologia-chave para qualquer tipo de problemas neste momento atual e também do futuro, e é fato observar também que as pesquisas dentro dessa tecnologia hoje estão todas em uma relação muito forte com as áreas de aplicação onde deve existir o raciocínio do homem com a intenção de imitar o mesmo e realizar interferências, e essas áreas podem ser sistemas inteligentes para a aprendizagem, tradutores para linguagem natural, geração de voz, análise de imagem e também de cenas em tempo real, automação de programação etc.

1.18 Comunicação Homem-Máquina

É possível, então, afirmar que a inteligência artificial possui um campo muito amplo sempre com um objetivo, que é a busca por aumentar cada vez mais a inteligência do computador, e isso inclui as pesquisas, bem como os fenômenos desta área. Para esse fim, a inteligência artificial pode ser definida como sendo uma coleção de técnicas aceitas dentro dos computadores que possuem uma grande função de emular algum tipo de capacidade humana como resoluções de problemas, utilização de robótica, a aquisição e representação de conhecimento etc.

Ela utiliza muitas vezes o termo "conhecimento dos livros" e isso quer dizer o que se encontra nos mesmos, mas quando é falado do conhecimento das máquinas é que o mesmo não pode ser observado simplesmente como passivo, pois possuí a função instrumental que acaba por determinar o comportamento do computador ou máquina dentro de um tipo de dimensão operacional. Mas, para isso, é necessário compreender as questões em seus regimentos para recolocar as mesas em seu conceito mais exato possível. Isso resultou nesse momento ruim e em um grande número de máquinas, e também de linguagens de programação, além do rompimento dos usuários e programadores que trabalham dentro desse tipo de tecnologia utilizada em sistemas operacionais e já faz muito tempo.

Atualmente, este tipo de relacionamento pode ser denominado comunicação entre o homem e a máquina e entre a máquina e os homens, e são elementos de programação e engenharia de softwares, de comunicação de uma máquina para outra máquina e os problemas da portabilidade e de incompatibilidade de programas que devem ser tratados, porque é fato que a comunicação entre homem e a máquina seja intermediada, então surgem problemas ligados em todas as tecnologias de informação.

Mas essa comunicação é a escolhida pelos especialistas na inteligência artificial quando os mesmos falam sobre noções de conhecimento que não são vistas também paralelamente, mas eles possuem a intenção, dentro de suas pesquisas, de observar a multiplicidade das inúmeras linguagens de programação que acabam por dificultar imensamente a comunicação entre máquinas diferentes ou que não estejam atualizadas ou não suportam mais este tipo de comunicação, conhecida como noção de conhecimento, pois os mesmos desejam realizar uma técnica especializada para que os idiomas de máquina possam, dentro do possível, entender-se entre si a fim de que o uso pleno desta tecnologia seja mais simples de ser compreendido em computadores e máquinas que possuam inteligência artificial de outra localidade e com a linguagem diferente.

A ideia da inteligência artificial afirma que ela é sutil e a mais transparente possível, até que permitisse chegar diretamente às coisas, tendo em consideração que, sem a linguagem utilizada, prejudicaria a expressão, ou seja, o fato é que o conteúdo dos textos se sobressaísse de forma independente de qual linguagem utilizada para descrever o mesmo. Isso pode ser explicado da seguinte maneira: em uma ponta estava a inteligência artificial recorrendo a sistemas simbólicos físicos que acabam por corresponder a uma interpretação a uma sintaxe; isso quer dizer submeter-se a um conjunto de várias regras de manipulação aplicadas a expressões consideradas formais, mas, de outro lado, é fato observar que não existe simbolização universal, como já foi dito neste livro, e também não existe formalização rígida que esteja em condições de transcrever cada pensamento em cada objeto de conhecimento em uma expressão única.

A partir daí, surgia o questionamento que indagava como era possível atribuir algo parecido com um sentido para que fosse notado o conhecimento das máquinas, e como vincular o mesmo aos símbolos utilizados para descrevê-lo sem reduzir o seu valor no que tange à expressão.

1.19 As Leis Naturais Universais

Como tudo que existe de complexo em todas as leis naturais do universo, os computadores não são algo à parte; por sua construção, é obrigatório o funcionamento qualificado de todos os elementos que o compõem, pois são necessários inúmeros procedimentos e contatos, sem dizer ainda do caráter industrial, que ocorre dentro da empresa onde ele é montado, essas observações são tão interessantes que fazem o autor aconselhar que os leitores desses livros comprarem sempre computadores de uma única marca. É fato que computadores multimarcas são mais baratos e possuem mais liberdade de escolha de seus componentes, mas costumam apresentar muitos defeitos, o que computadores de uma marca só, trabalham com uma robustez muito maior se comparados com os de multimarcas, que são mais baratos, mas menos confiáveis, pois, se de um lado um número de elementos é mais considerado do que no caso de outros tipos de construção, ainda existe a miniaturização da parte física, o que também requer automatização nos processos adotados pelas fábricas; todos os equipamentos estão cada vez menores e hoje em dia mal é possível ver a diferença entre os *smarthphones* e que esses equipamentos custam muito caro, chegando ao absurdo de três mil reais, o que se tornou algo de grande interesse de pessoas de todas as idades, pois eles possuem aplicativos exclusivos incontáveis e que não rodam na plataforma dos computadores. Junto a isso, a multiplicação de empresas, em todas as cidades do mundo, acaba deixando os telefones como uma peça fundamental, e para gerações, mais importante que o computador, mas os computadores do tipo desktop, por suas dimensões, os mantêm fora da possibilidade de serem sempre carregados, mas eles têm muitas utilidades, tanto laborais como de entretenimento e de estudo.

É possível observar esse fenômeno em todos os lugares, pessoas andando e teclando no seu telefone, ações que somente agora estão sendo estudadas em diversas ciências, pois os mesmos oferecem uma gama muito interessante de recursos de aplicativos, de um tempo para cá, inúmeros deles já não servem para desktops, e isso faz recordarem os fatos que afirmam que, para controlar todos os conjuntos, é necessário utilizar a ferramenta com conhecimento de causa, em virtude deste fato, os especialistas em informática acabam por utilizar uma ótica ampla e totalitária, mas que conta com a ajuda de uma estrutura que resulta em refletir inúmeros elementos presentes nesses sistemas operacionais e aplicativos, em seus inúmeros usos.

Existe a intervenção dos especialistas na área dentro da tecnologia que são os físicos de estado sólido, que trabalham com o estrato físico, onde, na sequência, entram os especialistas em semicondutores, que têm a função de criar componentes eletrônicos, sempre com características elementares como os transistores, e esses acabam correspondendo a um segundo estrato, que é o eletrônico.

Logo na sequência entram os especialistas em circuitos lógicos, que têm a função de combinar com inúmeros componentes eletrônicos, sempre elementares, para poder fabricar memória e utilizá-la de maneira adequada, além de processadores de multiplicação e a adição, mas todo o conjunto de circuitos elementares que existem dentro dessa ação é criado e dinamizado pelos meios. Cada estrato pode ser descrito como aquele que corresponde à lógica, porque sua função acaba por intervir de forma única em todas as propriedades lógicas. Utilizando o código binário para sua criação, logo na sequência, entram em cena os que são conhecidos como arquitetos; a função deles é combinar circuitos lógicos entre si da maneira correta, sem sombra de duvida, um trabalho muito detalhado e cheio de pormenores, pois, a partir disso, também são criadas memórias e unidades matemáticas e lógicas, mas geralmente são unidades centrais que seguem ordens contando com a ajuda da sincronia dos sinais lógicos.

Com a intenção de facilitar o ato de conduzir esses equipamentos, foram criadas as linguagens de baixo nível. Nesse ponto é muito importante lembrar que, quanto mais alto o nível da linguagem, mais próxima ela é da linguagem humana. Já ao contrário, quanto mais baixo o nível da linguagem, mais ela fica próxima da linguagem de máquina, e essa linguagem se chama assembler, que, a partir disso, desencadeia uma série de sinais e comandos que, entre outras coisas, dão suporte para instruções serem inseridas nas máquinas, bem como armazenar as mesmas na memória. Então, esse fenômeno é conhecido como estado de montagem, que depende de maneira direta quando ela está sendo desenvolvida, pois ela busca observar esse tipo de particularidades funcionais de cada computador com a intenção que os programas desenvolvidos e programados se tornem independentes das máquinas sobre as quais esses elementos são desenvolvidos e controlados, e esta finalidade afirma que este modelo foi concebido em forma de linguagem de programação com grandes avanços, pois na concepção dessas linguagens acaba por corresponder ao estrato simbólico.

É possível observar que essas camadas são criadas com muita sutileza em suas observações, pois as mesmas existem dentro de outras, mas, uma de suas particularidades é que ela é abstrata, na sua parte física, mas que, em certos pontos, se distanciam da matéria, pois existe, sim, um adiantamento ou afastamento do ser humano em seu computador pessoal, seja ele da forma que for.

Quanto mais se sobe nos estratos, maior é o esquecimento dos detalhes físicos em nível material tecnológico. Isso quer dizer que, quando se trata de abstração, o homem se torna mais independente; ainda existe um outro detalhe: cada estrato possui duas definições, a primeira estrutural e a outra funcional, sendo que a estrutural se referia à composição ou constituição dos detalhes que devem, obrigatoriamente, existir nos estratos. O que permite a criação de novos estratos e as condições de inserir os mesmos em um processo de construção ou fabricação de seus derivados hierarquicamente inferiores.

Também merece ser citada sua missão funcional, pois a mesma analisa, e, automaticamente, realiza esses estudos automáticos dos estratos utilizando uma espécie de conjunto de componentes que, quando são usados de forma simultânea, acabam por combinar automaticamente entre si seguindo normas que já foram estabelecidas, depois disso, ela acaba por fornecer as leis que cada componente deve ter.

É observado o fato de que, quanto mais alta é a reestruturação dos estratos no que tange aos sistemas de computação, mais o homem se distancia da matéria e maiores são os ganhos em abstração, e isso faz muitas diferenças, até que cheguem a um final; é uma questão natural descrita por profissionais da área, e que logo acima, de estrato simbólico, em um estrato que deve ser denominado estrato de conhecimento, o maior defensor dessa ideia é o pesquisador Alan Newell.

É possível descrever o estrato do conhecimento, pois, assim como todos os demais, ele também possui uma definição estrutural e funcional, já que, de certa forma, o estrato do conhecimento está numa situação superior do estrato simbólico, portanto, de forma integral, ele está em uma linguagem de programação, ou seja, ele é programado e a sua definição estrutural é baseada neste diferencial, mas isso deve ser analisado também por outra ótica, com ênfase no que o estrato que faz adquirir uma definição funcional, ou seja, ele deve ter uma utilidade, e isso faz com que ele necessite utilizar componentes que podem ser definidos como extremamente aplicáveis a tal ação, ou seja, um agente racional, que possui cada comportamento totalmente subordinado a um princípio de racionalidade, e , segundo este, o agente racional acaba por inserir a definição da execução de forma prioritária em um montante de ações e possibilidades e movimentos, entre os quais, devem ser decididos os detalhes de cada um. Este princípio possui na sua utilidade, nada mais que as determinações para ele próprio, mesmo insuficiente, pois não tem condição de fazer essa determinação de forma completa, como é o que existe no comportamento racional, pois ele é uma parte contínua de si mesmo, sendo que é o livre arbítrio que interessa mais.

Mas o agente racional é imaginário,e comparado com as máquinas para ter sua denominação mais clara; os computadores estão, de certa forma, submetidos a uma perfeita casualidade, e isso é muito estranho, mas ele afirma que a máquina não tem livre arbítrio, porém as linhas não são extremamente detalhadas e compostas de registros e unidades aritméticas. Ela faz uso também da lógica, além de memórias centrais e também periféricos que possuam, em sua constituição, elementos que variam segundo suas próprias marcas, época de fabricação e também na existência ou não da evolução tecnológica que tudo o que tem a ver com informática acaba por se tornaram obsoleta em algum momento. Mas todos eles podem ser identificados como agente racional imutável a fim de que possam ser classificados como um equipamento que recebeu, através da inserção de dados, a inteligência humana.

O quadro observado tem a função de permitir que os leitores considerem o conhecimento de forma desligada de sua própria formulação, pois é possível afirmar que o mesmo é de todo tipo de dado que pode ser atribuído a qualquer tipo de agente classificado como racional e que acaba por determinar o seu comportamento. Esses conhecimentos e ações de que o mesmo dispõe, além das informações que possui sobre um dos objetivos do mesmo, acabam estabelecendo, naturalmente, se é possível falar que a racionalidade possui um princípio universal, pois ele se caracteriza como um conhecimento, mesmo tendo a característica de receber princípios auxiliares atribuídos a ele através de seus programadores especializados.

E a partir desse raciocínio é possível realizar uma distinção do conhecimento e a expressão do mesmo possuir uma linguagem de programação, porque o agente racional, com o qual é relacionado, acaba por possuir uma definição também de ordem funcional que não se refere a nenhum tipo de estrato simbólico. Essa característica retira muitos fatos e fatores de comunicação anteriormente mencionados, mas, ao mesmo tempo, considerados em suas impressões de forma independente também no conhecimento em suas características, mas sim um caráter que faz com que o mesmo assuma esta função.

1.20 E no Dia a Dia?

A impressão que o leitor possui dentro desta obra nesse momento é que são tratadas tecnologias que não existem no cotidiano, mas isso é um engano, pois a inteligência artificial já se encontra na vida das pessoas há muitas décadas; ela está presente em sistemas operacionais e em aplicativos e no desenvolvimento de videogame, com a intenção de criar jogos extremamente complexos, como simuladores. Utilizando este tipo de tecnologia, é possível observar também as máquinas fotográficas que realizam foco automático quando as fotos são tiradas de muito perto, os que tomam a decisão de serem fotografadas no momento em que a pessoa sorri. Ele existe nos muito usados corretores ortográficos ou aplicativos de leitura, pois é um sistema inteligente que detecta algum tipo de problema e que oferece as correções automáticas na maioria das vezes, mas ele tem que fazer como o ser humano também faz.

Isso se deve ao fato de que são inúmeras as definições que a inteligência artificial recebe e seu principal fator é fazer com que os computadores tenham o mesmo raciocínio dos seres humanos. Por causa desse fato, o objetivo faz observar, dentro desse assunto, a busca de criação e desenvolvimento de uma máquina que possa estimular, da forma adequada, diversos trabalhos que o homem realiza, para substituí-los quando o ser humano possa estar em perigo entre várias outras necessidades.

A inteligência artificial existe, dentro das pesquisas e estudos contidos na ciência da computação, onde os programas utilizam a mesma linguagem dos sistemas convencionais, só que com um tipo de lógica bem diferente, pois são inúmeros os desenvolvimentos que são feitos com este tipo de ferramenta.

Como já foi dito, existem inúmeros ramos de estudo e pesquisa dentro dos sistemas inteligentes, e também fica muito claro que cada um deles se dedica a algo de maneira única que existe dentro do comportamento do ser humano, como a coordenação motora, como a fala e outros tipos de utilização.

Figura 1.58 – Cena do filme Irobot.
Fonte: pipocaonangquim CLARQUE.

Pesquisas nesse ramo são muito detalhadas, e em virtude desse fato não pode existir um único indivíduo que se dedique a construir uma máquina reprodutora de pensamento em nível comportamental baseada no comportamento do ser humano de uma maneira 100% funcional, como as que são vistas nos famosos filmes de ficção científica, e por causa dessa característica, até o presente momento, não é possível produzir robôs inteligentes como o ser humano. A produção deste tipo de elemento pode até criar um androide muito similar, mas sem as ações do homem, pois no imaginário geral as pessoas temem que os robôs se voltem contra os homens, é visto isso nos filmes e livros de ficção; em vez disso, as pesquisas realizadas possuem a intenção de fazer com que o robô consiga aprender sem ter o conhecimento que o homem possui.

Voltando ao fato, a inteligência artificial é um grande assunto que mexe com a imaginação das pessoas, pois sempre existiu, nos tempos modernos, a ideia de a comunidade conviver em suas cidades com robôs inteligentes que realizam muito mais do que uma ou duas tarefas, mas, em vez disso, eles acabam interagindo de forma exata, se comparada ao ser humano. Muitas pessoas já ganharam muito dinheiro explorando este detalhe e existem casos de obras que tratam uma multidão de robôs se voltando contra o homem. Mas é importante lembrar que, no mundo da ficção, as máquinas sempre reproduzem o comportamento do ser humano de maneira idêntica e que não são novidades dentro do enredo, mas é um fato extremamente claro que essa realidade está muito longe. É possível contemplar neste momento que já existem robôs que conseguem fazer duas coisas ao mesmo tempo, porém uma máquina com inúmeras utilizações já não está pronta nem estará pelas próximas décadas, apesar de, a cada ano, novos robôs inteligentes utilizarem sua capacidade de interação, mesmo limitada, no entanto não podem ser confundidos como ocorre no raciocínio dos seres humanos.

Desde a década de 1940, o homem vem sonhado com os inúmeros avanços dessa tecnologia, e o que ela podia fazer para o mesmo, da mesma forma como naves- mães gigantescas ou teletransportes e veículos de todo tipo que voam, mas na ciência caminhou ao contrário. É interessante nesse momento observar que várias tecnologias surgiram baseadas em franquias de filmes muito famosos, em que muitos se tornaram realidade, portanto, dentro de uma ótica teológica, vale a pena citar a célebre frase: Deus quer, o homem sonha e a obra nasce.

A maneira como o homem processa as informações é extremamente diferente daquela que a máquina usa, pois os seres humanos possuem um conceito intuitivo, e a máquina só conseguiria interpretar essa forma se possuísse uma quantidade suficiente de informações sobre tudo o que existe.

Pesquisas foram iniciadas entre as décadas de 1970 e de 1980, que depois receberam inovações dentro desse campo a fim de que o foco passasse de querer reproduzir fielmente o comportamento humano para ser desenvolvido no foco de máquinas com essas características que têm a possibilidade de realizar tarefas que são impossíveis ou não indicadas aos homens, como por exemplo o ato de desarmar bombas, pois mesmo o homem tendo capacidade de trabalhar dessa forma é muito mais viável mandar um robô em vez de arriscar a vida de um ser humano.

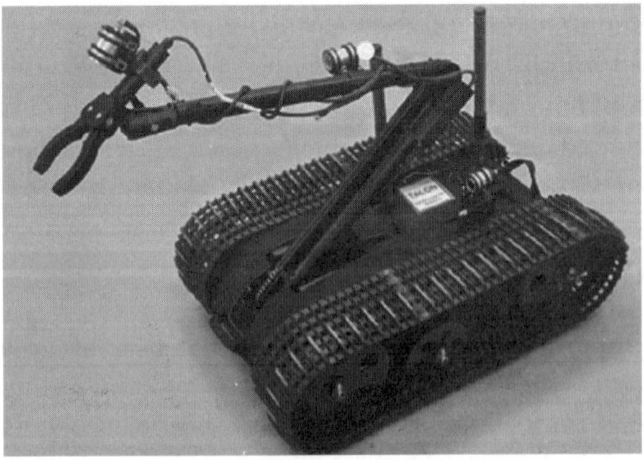

Figura 1.59 – Desarmador de bombas.

Fonte: G1.

Na década de 1980, foram iniciados trabalhos a partir da percepção de que a inteligência, seja qual for, não se trata de algo focalizado, mas sim de um milhão de inúmeros outros fatores que, quando utilizados de maneira conjunta, podem criar várias técnicas com base no comportamento do ser humano, como modelo para utilizar suas características, juntamente com as da informática, para que novas descobertas e desenvolvimentos passassem a existir.

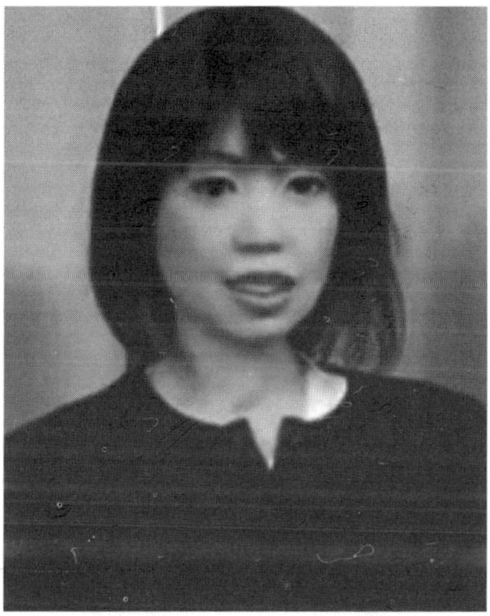

Figura 1.60 – Robô atendente.

Fonte: Tecmundo.

1.21 Fundamentos e Aplicações

Essa tecnologia é fundamentada em uma ideia inicial de que uma máquina pudesse ser capaz de aprender da mesma forma ou de maneira mais próxima possível do comportamento humano, o que é um desafio intelectual extremamente complexo e que acaba por ser reforçado com uma máquina, e diante de todos os iniciais problemas que foram encontrados a tecnologia de inteligência oficial acabou passando na década de 1970 e 1980 sem chamar a atenção, nem sequer no que tange à criação do pensamento humano e a aplicações vistas e reconhecidas pelos indivíduos porque elas existem de fato em diversos lugares, e não somente dentro dos laboratórios de pesquisa nas universidades espalhadas pelo mundo, de hoje em dia. Ela pode realizar muitas coisas como o homem o faz ou auxiliando o mesmo na vida real; conforme falado ainda neste capítulo, ela já realiza muitas tarefas e em seu futuro, pela proporção dos acontecimentos tecnológicos, existirá uma imensa tendência de a aplicação da tecnologia de inteligência ser usada em grande escala e sempre estar sendo aperfeiçoada; desta forma, os automóveis serão extremamente mais seguros, os jogos eletrônicos e filmes cada vez mais reais, mesmo nesse momento onde o 3D foi resgatado para dar um diferencial para as pessoas continuarem indo no cinema entre outros setores de entretenimento que o ser humano pode observar com mais clareza dentro do seu entretenimento e em sua vida comum.

1.22 O Que as Máquinas Sabem

No difundir que a utilidade nos computadores e da Internet possuem impossibilidades e facilidades aplicadas em todo tipo de trabalho ou pesquisa, além do entretenimento e assim por diante, já é, na opinião do autor, o eletrônico mais utilizado e o mais importante; isso é possível analisar através dos cálculos que as mesmas fazem, além de deveras funções profissionais dentro da área exatas, e o questionamento é que, até o presente, não se chega a um consenso se uma máquina pode, por exemplo, compor e executar uma música ou uma poesia, achar graça de verdade de uma piada bem contada, passar por algum tipo de sofrimento e sorrir com algum tipo de alegria, ter sentimentos internos como seres humanos, sentir prazer; o paradoxo é inevitável na mente de cada pessoa, profissional ou não.

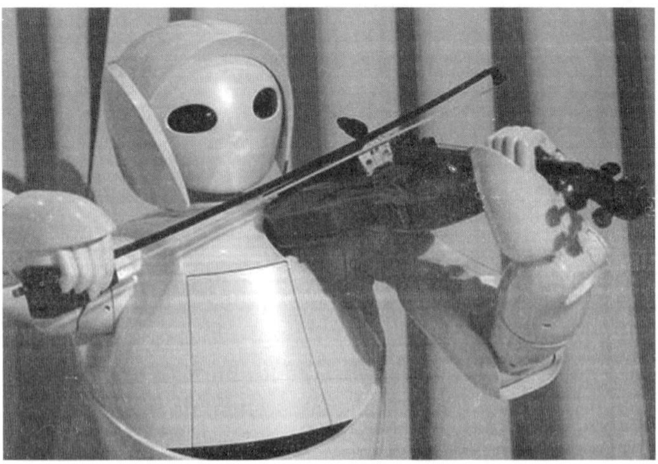

Figura 1.61 – Robô tocando violino.

Fonte: molhoingles.com.

Só para fazer essa análise, é possível observar que existe uma maneira de personalizar que é tida em um patamar de alto nível e responsabilidade, mesmo tendo que personalizar em um computador utilizando mais de um usuário, pois difere de uns para os outros, pois são sistemas inúmeros e acabam fazendo parte de um tipo de autonomia computacional. Vemos no MS Office Word que, quando digitamos textos em outro idioma, ao voltar a digitação para o português, as palavras são grifadas em vermelho, pois a inteligência artificial contida nos sistemas operacionais e os aplicativos começam a analisar a volta da escrita em português, até que o texto se aumente e ele define que os erros devem ser retirados, um dos inúmeros exemplos de inteligência artificial utilizada o tempo todo.

Mas, observando as atuais utilidades dos computadores no cotidiano das pessoas, utilizados neste momento, nas pesquisas já existentes sobre as utilizações humanísticas para este tipo de tecnologia, os computadores pessoais têm uma característica superficialmente neutra, pois ela acabou por se revelar nas suas próprias funções de atitudes que são totalmente utilizadas dentro do sistema subentendido, e acabam com a intenção de analisar o homem que trabalha com ela. É possível olhar para o futuro e observar, e ele existe em todos os países, assim como hoje são nos países mais ricos e que produzem tecnologias, um produto novo que possa servir um homem a partir do momento em que ele sai de casa.

Figura 1.62 – Restaurante com garçons robôs na China.

Fonte: G1.

Mas enquanto os sentimentos acabam se aproximando, o comportamento da máquina para o comportamento humano não pode ser observado como uma novidade, pois isso diz respeito aos riscos e também às ações inseridas nos computadores.

A informática faz parte do campo das ciências exatas, mas suas principais ocupações se encontram nesse momento, dentro do mercado de trabalho, assessorando profissionais das áreas sociais, pois seus sistemas operacionais e aplicativos são indispensáveis em cada escritório e, além disso, do advento da Internet, a ela é usada como uma poderosa ferramenta para a busca de dados inerentes à complexidade de cada profissão, onde também existe a necessidade de computadores, como instituições da área de saúde, humanas e afins, para, então, a informática poder ser percebida.

Importante dizer que as máquinas automatizaram algumas tarefas, pois elas substituíram as ações que antes eram 100% realizadas pelos homens, e com isso puderam também afetar o corpo humano. As pessoas que nasceram após 1996 já possuem o dedo polegar mais ágil do que o dedo indicador e isso se deve ao fato de que utilizam muito nos teclados e deixam de usar suas responsabilidades corporais para que as máquinas as realizem através de seu comando de maneira mais aperfeiçoada possível. Os fatos, na parte comparativa, que é a qualidade do texto escrito, oriundo das máquinas de datilografar e o mesmo texto digitado e impresso por um computador, sem sombra de dúvida, o trabalho se torna mais simples, mais fácil e mais rápido, com melhor qualidade, mas a ótica da inteligência artificial, em toda sua utilização, é a de auxiliar no desempenho científico atual dentro desta tecnologia e que é tratada como tema desta obra.

É possível observar uma fenomenologia muito grande com o uso dos atuais smarthphones. Existem pessoas de todas as idades até andando e mexendo nesses celulares que possuem recursos que também existem nos computadores pessoais e também no sentido de que através dos planos dos sistemas de telefonia celular móvel, eles acabam se tornando uma distensão das pessoas dentro do mundo informatizado da Internet, que também já não é mais a mesma, pois, se uma ótica for utilizada desde a sua chegada de antes do advento da banda larga, ela mudou de forma muito diferente, pois esses sites e portais ainda são muito grandes.

Hoje em dia, as pessoas simplesmente ficam nas redes sociais utilizando aplicativos exclusivos para celular, e muitos deles não são nada éticos, muito pelo contrário, eles podem colocar o usuário em situações de risco, pois mostram seus dados e fotografia a fim de que contatos sejam feitos, e o jovem desavisado pode acabar sofrendo algum tipo de violência moral e física em todos os sentidos quando entram no recinto onde foram convidados em busca de aventura. Isso afeta todas as idades também, mas de outras formas, pois estando conectado com a Internet, o indivíduo pode entrar em locais onde se encontram jogos de azar que, no Brasil, são ilegais, através do uso de sites de jogo em que é utilizado o número do cartão de crédito.

Com o passar dos tempos é observado um verdadeiro culto a esse tipo de telefonia como se fosse um item indispensável e de uso em massa, mas seus aplicativos e sistemas operacionais são distorcidos, o uso das células, macrocélulas e microcélulas para estes equipamentos móveis que também possuem inteligência artificial em suas inúmeras tecnologias, portanto esta ciência tão controversa, de pouco conhecida pode ser aplicada também nos sistemas operacionais para equipamentos deste porte, independente de muitas de suas tecnologias.

Mas as máquinas sempre se modificam, e qual será o impacto de cada uma delas sobre as ações humanas? Essa tecnologia está se tornando cada vez mais rápida, a humanidade dobrou seu conhecimento três vezes até o ano de 1996 e, a partir deste, ela dobra o seu conhecimento a cada três anos e logo vai chegar um dia, em menos de algumas décadas, em que o conhecimento humano vai dobrar a cada 72h. Estava previsto que o conhecimento iria se multiplicar de forma muito grande.

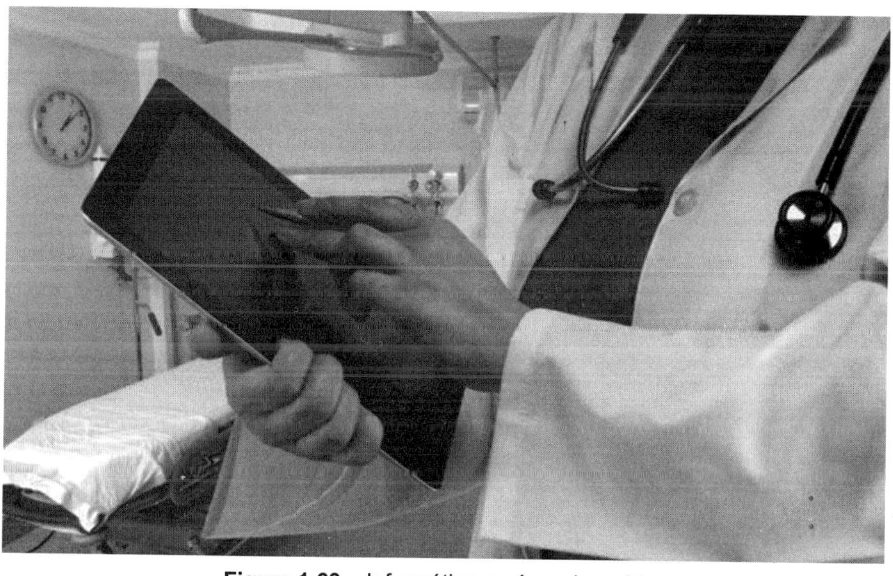

Figura 1.63 – Informática na área da saúde.

Fonte: setorsaude.com.

As tecnologias são muito bem-vindas e tratam de recursos de importância muito grande e que vão se mesclando com o cotidiano que se movimenta na ação humana, pois os computadores de mesa nunca saem do lugar, e os notebooks são transportados para outros lugares, mas sempre estão desligados, além de seu tamanho, que proporciona ações diferentes, mas esses novos telefones celulares, com milhares de recursos, estão ligados 24h por dia na mesma Internet que é utilizada pelos dois equipamentos já citados e de porte bem maior onde os sistemas operacionais não recebem e nem têm condição de utilizar nenhum deles, e cada vez mais existem empresas e programadores que se dedicam à programação de aplicativos para esse equipamento móvel. Indivíduos já se tornaram, pelo menos no Brasil, escravas deste tipo de tecnologia e, como dito anteriormente, a Internet mudou muito, perdendo suas funcionalidades, as primárias em detrimento de alguns sites que são redes sociais sem nenhum tipo de valor intelectual, deixando para os profissionais de todas as áreas o uso dos computadores e que são equipamentos que têm recursos para este tipo de reação, mas nos dias de hoje existem profissionais da área de informática que acompanham a segurança de equipamentos de grande porte de empresas de informática através do celular. Caso algo ocorra, ele se desloca imediatamente de sua residência até a mesma e faz a correção do erro colocando as máquinas do tipo mainframe. É possível ver, desde o campo até nas maiores megalópoles desta continental nação, e no restante do mundo, que as vagas de emprego estão se acabando através das tecnologias de controle automático.

Figura 1.64 – Diversos Smarthphones.

Fonte: poracaso.com.br.

Voltando ao assunto deste livro, na década de 1980, muitos foram os políticos que deram muito apoio financeiro público e também criaram ações de incentivo para substituir os professores e também instrutores por máquinas automáticas com a intenção de realizar uma democracia sobre o saber e causar também o fim desta profissão, que é a mais perigosa, e caso exista a necessidade de uma população se voltar contra suas corrupções. Esse fato, infelizmente, foi afirmado pelo autor desse livro, de que, deste momento até o ano de 2050, somente 20% da população mundial vão estar empregadas, realizando pequenos serviços em casa e recebendo pequenos salários, e eles serão, não só por isso, privilegiados, pois não deixarão de ser escravos de um sistema onde o lucro gigantesco é o único objetivo. A escravidão humana será aplicada a todos os homens da terra, fazendo com que a população de todo o planeta diminua dois terços no mínimo, através da impossibilidade de produzir entre outras coisas que estão sendo utilizadas de forma mais reservada para contribuir com esse fato. Importante o leitor levar muito a sério essas informações.

Fácil entender que o termo "inteligência artificial" é algo que chama a atenção das pessoas, pois ela dá asas a interesses além de curiosidades simples, por isso, até a mesma sempre se encontra nas capas das revistas, livros e jornais, mas essas expectativas são muito diferentes, pois não condizem com a verdade, e os resultados desta tecnologia ficam aquém do esperado.

E por esse fato as pessoas, frustradas, acabam desconfiando da mesma, principalmente os pesquisadores, e isso reflete na perda gradual de interesse e prejudica a evolução da tecnologia, mas eles esquecem que esta tecnologia já desenvolveu um enorme número de técnicas muito utilizadas como ações dentro dos sistemas operacionais, jogos eletrônicos, otimização de tarefas, *datmimining*, traduções com características de retorno automático, processamento melhorado das imagens, auxílio na interface homem-máquina etc.

1.23 Evolução da Inteligência Artificial

Esta tecnologia evoluiu em formas de eras, onde elementos começaram a ser criados e que marcaram um ponto de grande atualização.

⇒ Antes de 1960: Pre-IA

LISP – Uma linguagem de programação criada pelo pesquisador Jhon McCarthy no ano de 1958, onde publicou um artigo prevendo que é possível utilizar somente funções matemáticas como estruturas de dados elementares, pois utilizou suas pesquisas para serem realizados os dados elementares. O Lisp foi inicialmente projetado para processar dados simbólicos e é totalmente formalizado na matemática, e, como resultado, o Lisp foi muito utilizado até as décadas de 1970 e 1980, quando a mesma se tornou a mais utilizada linguagem deste tipo dentro das comunidades de profissionais e utilizadores da tecnologia da Inteligência Artificial, e ele foi o primeiro a ser utilizado em áreas com administração automática de armazenamento, linguagens do tipo interpretadas e na programação funcional. A origem do seu nome vem de List Processing, e é a lista de estrutura de dados fundamental para uso nesta linguagem.

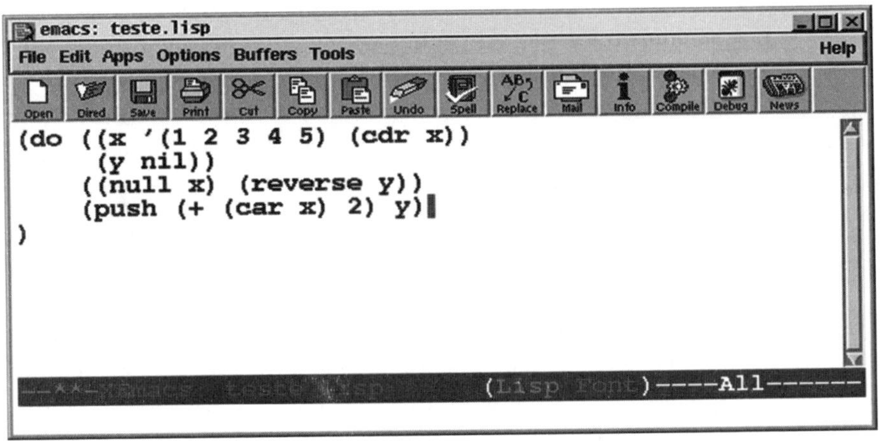

Figura 1.65 – Interface de teste do Lisp.

Fonte: Dca UFM

Ainda nesta época, existiam sistemas de produção, que nada mais eram do que um recurso evolutivo de sistemas genéricos.

⇒ 1960 – 1965 O período do Entusiasmo

Macsyma: Trata-se de um sistema algébrico computacional que foi criado em um grande período, de 1968 a 1982, pelo MIT para ser parte do Projeto MAC, e, posteriormente, foi comercializado; pode-se dizer que ele foi o maior sistema especialista baseado em conhecimento, e isso se deve ao fato de que muitas das possibilidades e ideias novas a respeito dele são utilizadas em programas como o Maple ou o Mathematica, entre outros.

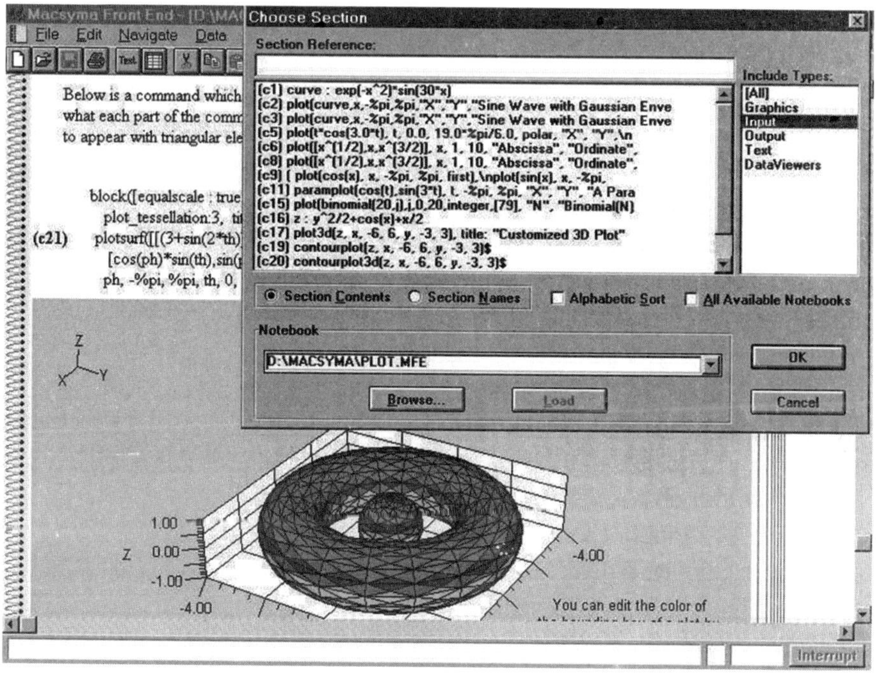

Figura 1.66 – Interface da Macsyma.

Fonte: Exponenta.

Este sistema foi desenvolvido em Macslip, que é um dialeto de Lisp, e acabou por se transformar em uma motivadora para a utilização do Lisp em algumas áreas da ciência computacional numérica.

Sua criação inicial foi desenvolvida para computadores PDP-6 e PDP-10, mas deve ser lembrado que ele trabalhava em sistemas operacionais Multics, além das máquinas Lisp, Afirma o autor que, de fato, este foi o maior programa escrito em Lisp de toda a história da informática computacional moderna.

Ainda neste período, surgiu um outro sistema especialista que se chamava Dendral e ganhou muito destaque entre seus operadores especialistas, pois se trata de um processo inédito dentro da I.A., e seu desenvolvimento se iniciou em 1965 na Universidade de Standford com a intenção de que ele fosse utilizado para ser capaz de desenvolver a busca de estruturas moleculares orgânicas a partir da espectrometria de massa que observava as ligações químicas existentes em moléculas desconhecidas.

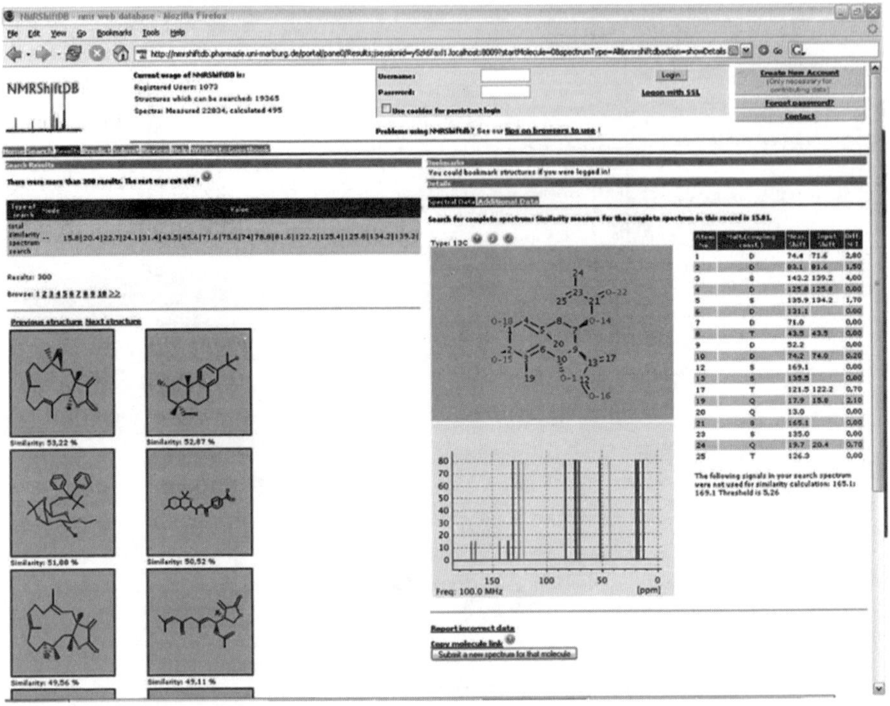

Figura 35. NMRShiftDB. Página da internet ilustrando o processo de elucidação estrutural de uma substância natural e os deslocamentos químicos de RMN ^{13}C na tabela de similaridade com os resultados (à direita)

Figura 1.67 – Dendral.

Fonte: scielo.br.

Este software é considerado o primeiro sistema especialista por causa do detalhe referente a sua automação na hora de tomar decisões e resolver problemas de todos os tipos, desde que o mesmo fosse relativo à química orgânica. Ele ainda tem outra curiosidade, pois é dividido em dois subprogramas, o Heuristic Dendral e o Meta-Dendral, e foi 100% escrito em Lisp.

⇒ 1965 a 1970 – Período das trevas

Foi no ano de 1969 que surgiu um livro chamado Perceptron, de autoria de Minski e Papert, onde foi provado que a rede proposta anteriormente não tinha capacidade para distinguir padrões linearmente separáveis, como o caso do problema de OU-Exclusivo.

O livro Perceptron fez com que toda e qualquer pesquisa parasse, pois se tornaram obsoletas, e, por isso, gerou uma onda de frustração e pessimismo em toda a comunidade acadêmica, e essa fase ficou mundialmente conhecida como a Idade das Trevas, que perdurou até o ano de 1981.

⇒ 1970 a 1975 – Período da Renascença

Este período surgiu com o sistema Hearsy e Planer com características blackboards, além do modelo ACTOR, que resultou na função de disparar eventos acadêmicos para SMAs.

Os sistemas do tipo blackboard são aqueles que reservam espaço de pesquisa partilhado onde se encontram resultados obtidos pelas conhecidas fontes de conhecimento.

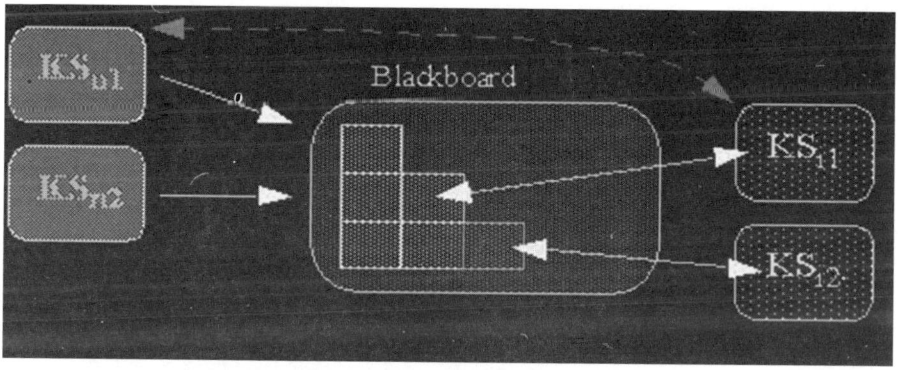

Figura 1.68 – Imagem do sistema Blackboard.

Fonte: UFSC.

É possível observar que o ACTOR desaparece na memória comum, tem características de ser centralizado logo no início da comunicação por mensagens, que são amplamente utilizados após o advento da Internet.

Existia também o Mycin, que foi pioneiro entre os sistemas especialistas e foi desenvolvido no inicio dos anos setenta na famosa Universidade de Standford e criado em seis anos de pesquisa, também descrito em |Lisp, pela mesma empresa que desenvolveu DENDRAL, e ele era utilizado nas ciências médicas, onde realizava julgamentos onde imperava a incerteza humana; esse tipo de procedimento é conhecido como fator de segurança e eram associados. O sistema identificava bactérias que causavam infecções graves como a meningite e a bacteremia, bem como recomendava antibióticos já com a dose ajustada ao peso do corpo do paciente e, ainda por cima, analisava o sistema circulatório.

Existia o PROSPECTOR, que foi criado nos Estados Unidos com a intenção de fornecer auxílio aos geólogos que trabalhavam especificamente com minerais; dentre suas funções, ele determinava a correspondência entre os dados que, por sua vez, acabam por descrever classes disjuntas de todas as possibilidades.

Não pode deixar de ser citado o PROLOG, uma linguagem de programação criada para trabalhar em programação em lógica matemática. Muito popular, ela era uma ferramenta que trabalhava entre a inteligência artificial e a linguística computacional.

Figura 1.69 – Pramet Prolog.

Fonte: pramet.com.

Em suas características, encontra-se o trabalho com lógica pura em linguagem concreta onde o PROLOG puro tinha a função extra lógica; foi inicialmente usado para provar teoremas de resolução de programas.

⇒ 1975 a 1980 – Período da Associação

Foi nessa época que foram distinguidos a diferença de computação tradicional e da inteligência artificial como a visão computacional, planejamento, fola e comunicação em duas bandas, xadrez etc.

⇒ 1980 – A era atual

Nos dias de hoje, existem diversos conceitos de I.A., mas, de forma geral, é possível descrever como um ramo da ciência da computação dedicado a minerar dados, métodos e também dispositivos de cunho computacional que possam interagir a favor do raciocínio biológico na resolução de problemas; hoje eles trabalham com a capacidade de raciocínio, ensino e aprendizagem, reconhecimento de padrões e inferência.

1.24 As Áreas de Pesquisa da Inteligência Artificial

- Processamento de Conhecimento (simbólico);
- Sistemas Baseados de Conhecimento;
- Modelagem e Representação;
- Métodos de Inferência;
- Aprendizado Computacional;
- Redes Neurais (ou Neuronais);
- Sistemas de Linguagem para I. A.;
- Processamento de Linguagem Natural;
- Arquitetura Específicas para I. A.;
- Robótica.

Mas, a partir deste momento, o autor vai definir a I. A., o que não é nada fácil, e ele vai apresentar no parágrafo seguinte as definições atribuídas por um grande número de colegas e que constam nos dicionários.

Artificial pode ser definida como:

- Imitação;
- Contrafeito;
- Oposto de natural;
- Tentativa de imitar o homem;
- Produzido pelo homem e não pela natureza

Já a inteligência pode ser explicada como:

- Facilidade de Adaptação;
- Intelectualidade;
- Compreensão, Conhecimento Profundo;
- Habilidade de Realizar algo;
- Perspicácia mental;
- Indivíduo muito intelectualizado.

1.25 Os Aspectos da Inteligência Artificial

Entre tantas outras coisas, a inteligência ganhou muitos aspectos que a separaram em:

- **Inteligência Racional:** também conhecida com acadêmica, que é sempre associada a aptidões linguísticas e numéricas, é uma inteligência extremamente formal e que auxilia o indivíduo ou a máquina a se destacar nas ciências exatas.
- **Inteligência Intrapessoal:** já aborda autoconhecimento, que é extremamente útil, pois a pessoa que possui este tipo de visão pode se analisar e ver onde acerta, erra e o que pode ser melhorado em sua conduta, profissional, humanística, intelectual etc.
- **Inteligência Social:** é aquela que existe em profissionais que lidam diretamente com seus empregados, ou de sua firma, que desenvolve sensibilidade humana e consegue tentar, a favor de todos, uma resposta ou ação benéfica.
- **Inteligência Corporal:** que se relaciona fisicamente com o espaço onde operam ou ocupam, como os atletas de alto nível.
- **Inteligência Emocional:** que se forma no individuo que possui em suas características o autocontrole, o zelo, a busca da perfeição, o estado da arte, a automotivação, etc.
- **Inteligência Prática:** oriundas de indivíduos que conseguem entrar, sem estudo, em concorridos vestibulares ou os mais concorridos ainda, concursos, são aquelas que nunca esqueceram o que aprenderam no ensino médio.
- **Inteligência Espiritual:** são profissionais que desenvolvem um tipo de visão que consegue avaliar, em um mínimo instante, o que está ocorrendo e como cada pessoa é, baseada no seu comportamento inicial.
- **Inteligência de Competência Intelectual:** são aquelas pessoas que sabem sobre todos os assuntos de forma profunda e que conseguem expor as ideias de forma dinâmica e certa.
- **Inteligência Empreendedora:** são as pessoas que têm raciocínio lógico e rápido e que acabam por regerem seus cargos ou empresas e enriquecendo de maneira mais rápida e simples.

Sobre os testes de Q.I., na opinião do autor, eles somente servem para medir quem é bom em fazer testes de Q.I. Sem mais nada a declarar sobre este assunto, esse mesmo, o do Q.I.!

1.26 Sistemas Baseados em Conhecimento

Na busca acadêmica para resolução de problemas, neste caso, é interessante que ela seja dividida em três fases totalmente diferentes entre si.

Na primeira fase, é clara a busca para imitar a capacidade intelectual humana para resolver problemas; era uma busca para analisar até a compreensão total para compreender e reproduzir a capacidade de raciocínio humano, inclusive sua representação, mas ele falhava no detalhe; é que ocorria um problema de ordem combinatória nos problemas mais complexos, e este problema causou dor de cabeça em pesquisadores em todo o mundo.

Na segunda fase, que se iniciou a partir do evento do reconhecimento da habilidade de deduzir do ser humano, acaba por resultar menos de sua habilidade de conseguir guardar e armazenar experiências do passado para poderem adaptar a mesma em diversas situações.

A partir daí, começaram a ser utilizados os sistemas de produção e surgiram os sistemas cognitivos, ou seja, baseados em conhecimento, onde o grande foco deixa de ser um método de busca e a forma usada para representar o conhecimento se torna totalmente fundamental.

E a terceira fase, por sua vez, teve seu início na descoberta da percepção do fato de que o conhecimento geral é gigantesco e tem pouco uso para problemas específicos, e, por isso, surgiram os sistemas especialistas que iremos tratar no segundo capitulo desta obra.

1.27 Falando dos Sistemas de Representação de Conhecimento

Os sistemas de representação de conhecimento trabalham com adequação e eficácia que podem ser descritos da seguinte forma:

- **Adequação Representacional** – são permitidos todos os tipos de conhecimentos, já citados nesta obra, como fundamentalmente necessários par resolver o problema proposto.
- **Adequação Inferencial** – é aquela que permite a manipulação de estruturas que geram outros conhecimentos novos e que algum pode ser o resultado almejado na busca.
- **Eficácia Inferencial** – é aquela que trabalha com representação de metaconhecimento na busca de melhorar cada vez mais os mecanismos de inferência.

- **Eficácia de Comunicação** – ela permite, de uma maneira simples, entender o conhecimento armazenado e conseguir inserir novos conhecimentos com a intenção de retornar explicações.

Importante também analisar quais são as formas de representação do conhecimento:

- **Sistemas de Produção:** foram propostos por Post no ano de 1943 e que tinham a intenção de receber uma resposta através do estímulo; para isso, ele simulava processos mentais na área do raciocínio e também no uso do conhecimento, o que fez a tecnologia alcançar sucesso que hoje descreve um grupo de sistemas em pares com a metodologia condição-ação que passaram a se chamar regras de produção.

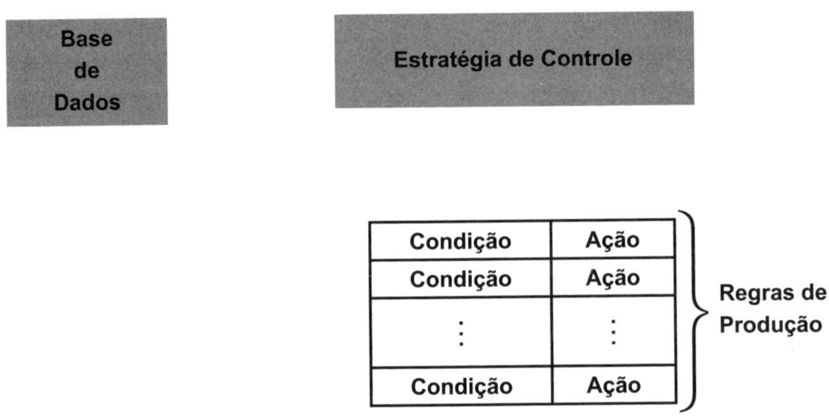

Figura 1.70 – Arquitetura de um sistema de produção.

Fonte: (GUARDA, apostila)

É fácil observar neste sistema, vários componentes como uma base de dados, que também recebe o nome de memória de trabalho ou de contexto; nelas existem dados que são inseridos pelos usuários sobre problemas gerados pelas próprias regras durante o funcionamento.

Ele também possui as regras de produção, que trabalham sobre e com a base de dados com a intenção de modificá-las.

E ainda pode ser observado que existe uma estratégia de controle, que também recebe o nome de interpretador de regras, um módulo que trabalha na execução do sistema e pela indicação da solução, sinalizando os momentos onde o sistema deve parar, e para isso ele trabalha com três fases:

- **Casamento (matching)** – que seleciona quais são as regras que podem ser aplicadas comparando as condições das regras com o estado de toda a base de dados para utilizar todas as regras que foram capazes de casar umas com as outras.
- **Resolução de Conflitos** – este trabalha com a função vital de garantir que apenas uma regra de cada vez pode ativar-se ou ser ativada, pois quando duas regras forem aplicadas ao mesmo tempo ocorre um conflito, e quando isso ocorre é necessário ativar de maneira imediata e automática a primeira regra que foi satisfeita, e aceita.
- **Ação** – é a função que ativa a regras regendo ações das próprias, e isso, geralmente acaba refletindo em uma mudança no banco de dados.

Agora chega a hora de caracterizar o Sistema de Produção: em primeiro lugar, ele é monotômito, pois a aplicação de regra nunca deve impedir a posterior aplicação de outra regra, que também poderia ter sido aplicada no momento da seleção da primeira regra.

Ele também é parcialmente comutativo, e isso se deve ao fato de que a aplicação de uma sequência única e particular de certas regras transforma os estados e, a partir disso, qualquer permutação das mesmas seja visível nas transformações dos estados.

E também existe a presença do sistema comutativo, que também é monotônico e comutativo de maneira parcial.

Segue uma tabela criada pelo autor Álvaro Guarda sobre as diferenças da Inteligência Artificial e de sistemas convencionais.

IA	Computação Convencional
Não algorítmico	Algorítmico
Processamento Simbólico	Processamento Numérico
Não Determinista	Determinista
Fácil Modificação	Difícil Modificação
Estrutura Dados + Programas ↓ Estrutura de Controle ↓ Resultados	Estrutura Dados ↓ Programas ↓ Resultados

Figura 1.71 – Diferenças da I. A. e da Computação Convencional.
Fonte: GUARDA.

1.28 Sistemas Baseados em Regras

O surgimento deste tipo de sistema teve sua origem a partir dos sistemas de produção e tiveram seu aperfeiçoamento utilizando os resultados obtidos de pesquisas da área da lógica, portanto, as regras surgiram, analisadas de forma geral, com as funções básicas da informática, então a partir daí surgiram os mecanismos de interferências que passaram a fazer cada vez mais fatores sobre determinados assuntos baseados na lógica; esses sistemas existem dentro dos sistemas especialistas, mas veremos isso no capítulo seguinte.

Voltando ao assunto, é fato que a inteligência artificial é a ciência que possui a intenção de estudar o comportamento intelectual do ser humano, e com isso possibilitar o surgimento de computadores e demais máquinas do tipo, capacitadas para realizar inúmeras atividades, intelectuais ou intelecto-físicas, no caso dos robôs, que também serão abordados nesta obra.

É possível observar que essas máquinas têm a capacidade de realizar atividades como a senso-percepção, como no caso da visão, do tato e da audição, e que suas capacidades intelectuais também podem ser realizadas, principalmente o aprendizado de ordem conceitual, preventivo, memória de elementos passados e raciocínio dedutivo; elas também podem ter dados comunicativos em suas linguagens desenvolvidas, incluindo suas grafias e verbos além de atenção, que pode ser traduzida como uma decisão tomada para conceituar atividades que surgem através de estímulos.

CAPÍTULO 2

SISTEMAS ESPECIALISTAS

Um fato extremamente observado e verdadeiro é o que afirma que os sistemas especialistas são uma subárea na inteligência artificial, pois o mesmo foi desenvolvido como uma resolução de um problema que demandava uma solução das necessidades na maneira de processar informações que não são somente numéricas. Nos tempos atuais, se for realizado com um acompanhamento muito sistemático, um sistema especialista já possui os requisitos necessários para apresentar conclusões sobre assuntos e temas.

Uma maneira muito interessante de classificar um sistema especialista como sendo um programa aplicativo de computador que usa o conhecimento e procedimentos lógicos que o possibilitam à resolução de complexos problemas da maneira como seu usuário o determina, mas eles ainda necessitam de uma grande pericia por parte do seu programador, ele ainda é simbiótico com seu usuário.

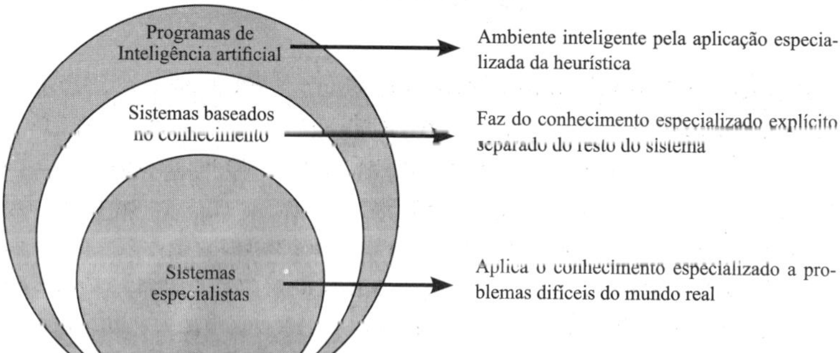

Figura 2.1 – Imagem da posição do Sistema Especialista.

Fonte: dee.ufma

Mas as interfaces mudavam para tipos mais acessíveis para os programadores, com muito mais recursos e facilidades, então, os sistemas especialistas começaram a ser desenvolvidos para a resolução de inúmeros problemas de todas as grandezas.

As áreas de trabalho onde a inteligência artificial alcança são:

- Solução de problemas gerais;
- Jogos;
- Áreas de teoremas;
- Tarefas formais;
- Matemáticas;
- Linguagem natural;
- Tarefas comuns;
- Senso comum;
- Robótica;
- Percepção;
- Tarefas especializadas;
- Analise financeira;
- Engenharias;
- Diagnóstico médico;
- Análises científicas;
- Facilidades caseiras e profissionais.

Portanto, é possível observar que a inteligência artificial possui três grandes áreas de pesquisa que são independentes umas das outras,e, por isso, os pesquisadores acabam indo para uma parte mais significativa e de uma renda maior, como é o caso do desenvolvimento de programas que consigam falar, ler e entender comandos que possam ser mesclados com a linguagem e palavras do homem, para ser utilizado, às vezes sem saber, no seu dia a dia, através de um campo conhecido como processamento de linguagem natural. Existem profissionais que trabalham com robótica inteligente, e ainda existe um campo de atuação e pesquisa como a de criar e desenvolver situações parecidas com o comportamento humano. Isso serve como base no desenvolvimento de programas que possam utilizar os conhecimentos dos profissionais utilizando a máquina, a armazenagem e as sequências de ações de especialistas para que, junto à condição de autoaprendizagem na busca do pensamento, tanto da máquina quanto do homem.

Seu âmago é restrito, pois os sistemas especialistas são desenvolvidos com a intenção única de imitar e reproduzir o comportamento humano para que possa resolver problemas do mundo real, mas são pesquisas demoradas e que demandam muito conhecimento.

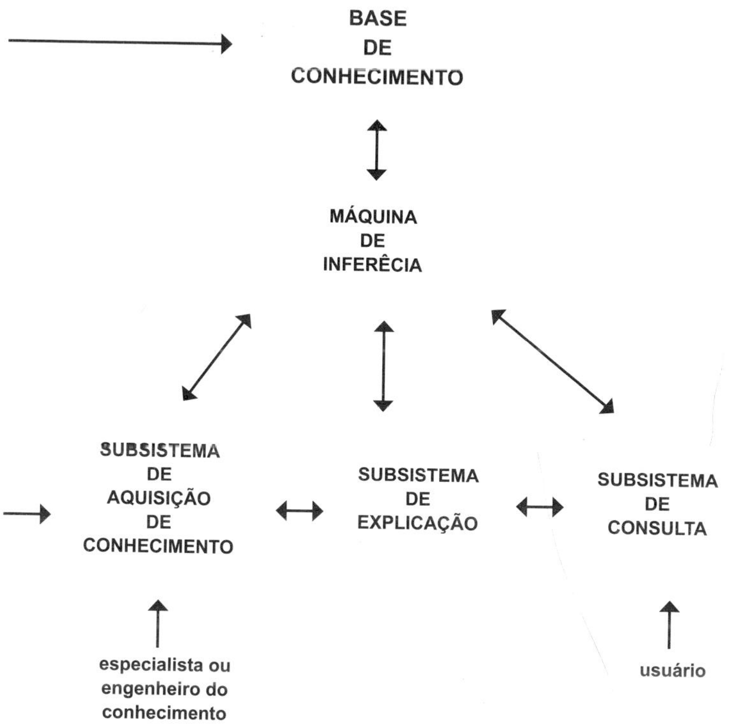

Figura 2.2 – Funcionamento do sistema de base de conhecimento.
Fonte: minerva.oevora

As informações utilizadas como base de conhecimento é o exato local onde as regras devem estar representadas através das determinações de inferência onde o profissional humano trabalha.

Um grande número de sistemas especialistas atua com essas regras como se fossem base de suas ações.,Devido a este fato, os sistemas especialistas são denominados Sistemas Baseados em Regras, pois muitos fazem uso de outros esquemas para representarem o conhecimento, assim como no caso das redes semânticas ou dos frames, e neste ponto é importante dizer que este tipo de base de conhecimento possui em sua formação regras e procedimentos em que o homem os utiliza na solução de problemas na hora em que o conhecimento de um sistema especialista poderá absorver e capturar o ser humano, em qualquer tipo de evento, como em uma entrevista ou em uma observação mais aprofundada e ideal. Esse fenômeno pode ser explicado como sendo o momento em que a base do conhecimento, geral ou aplicado, é separada da máquina de inferência, onde o conhecimento fica dentro em sua base. Desta forma, ele é muito mais fácil de ser modificado, e se houver a necessidade de mudanças em suas bases de conhecimento é possível, de uma maneira muito fácil, adicionar mais regras e retirar as antigas, tanto por substituição quanto por falta de utilidade da mesma.

Interessante abordar agora que a representação por regras pode se tornar um recurso muito útil para inúmeros sistemas especialistas, pois eles podem trabalhar com o conhecimento através de pares das condições básicas da informática, ou seja: IF – THEN – ELSE.

Ele tem a função de criar um teste onde o resultado possuirá uma necessidade que depende ou não de seu estado na base de conhecimento. E isso pode ser verificado tendo ou não a presença das informações em sua base. Mas esta abordagem pode resultar no fato de as ações desencadearem inúmeros efeitos externos a sua própria base.

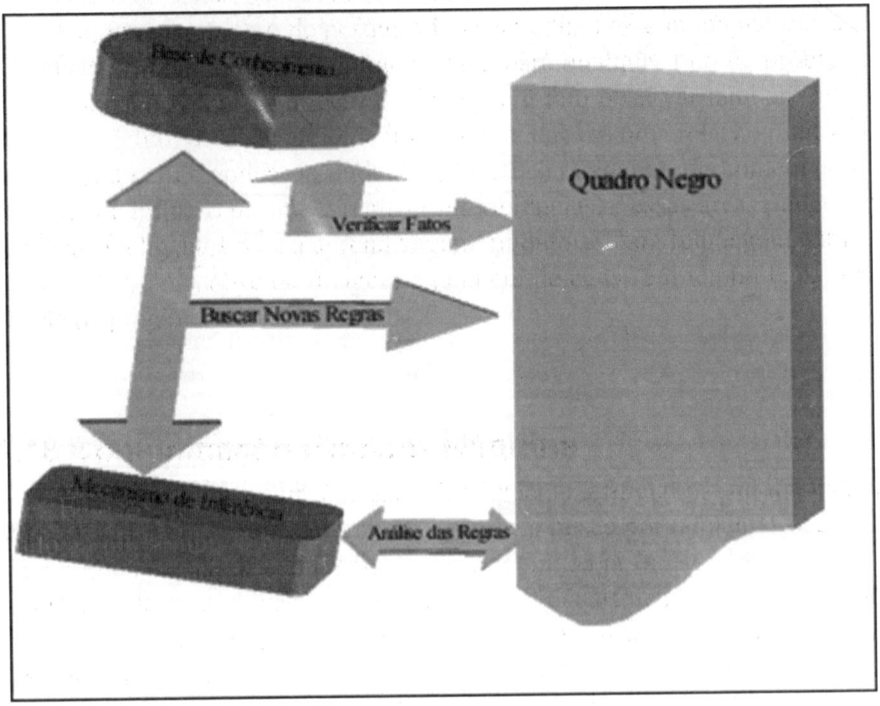

Figura 2.3 – Elementos de um Sistema Especialista.

Fonte: Google Images.

Importante citar neste momento que os primórdios dos estudos da inteligência artificial foram realizados no ano de 1956. Existiu, para isso, uma formalidade que ficou conhecida como a Conferência de Dartmouth College, situado nos Estados Unidos da América, onde pesquisadores extremamente competentes, como Jonh McCarthy, Marvin Minsky, Nathaniel Rochester e Claude Shannon, já estavam vendo a tecnologia surgir, a partir de experimentos de pequeno porte que acabaram agregando e se formando em um campo da ciência que já se chamava Inteligência Artificial.

Figura 2.4 – Dartmouth College.
Fonte: Google.

É fato que uma tecnologia que recebe um nome como esse gera muita polêmica e, neste surgimento, ela foi acompanhada de perto pela imprensa de todo o mundo. Os pesquisadores, naquele momento inicial, ficaram sem condições de definir formalmente e com certeza absoluta, o que era inteligência artificial, mas com a ideia de catalogar ou definir usando a palavra inteligência, então, declarou-se que esta tecnologia pertencia, obviamente, à ciência computacional e que tinha papel de um projeto computacional, que possuía características de cunho de um projeto de sistemas de computação, mas que também conseguia sintetizar o comportamento do homem. Por isso, já existe uma noção de que este tipo de pesquisa já existe há algumas décadas e ela se encontra dentro dos sistemas operacionais e dos aplicativos, tecnologia que age envolvendo seu conhecimento.

Mas, com o aperfeiçoamento e o desenvolvimento deste campo, surgiram duas linhas de pesquisa muito distintas, a linha conexionista e a linha simbólica.

A linha conexionista tem seu uso em maior utilidade para modelar o que é oriundo da inteligência humana, pois simula o comportamento do cérebro do homem, mais precisamente dos neurônios e suas interligações. Esta proposta teve seu início no ano de 1943, na ocasião da proposta do primeiro modelo matemático para um neurônio. Este evento foi fruto das pesquisas de um neuropsicólogo chamado McCulloch, tendo ao seu lado o especialista em lógica Pitts, ambos já citados nesta obra.

Já a linha simbólica segue o raciocínio da tradição lógica, e o pesquisador de maior destaque foi McCarthy, que partiu dos princípios que pertenciam a essa linha de pesquisa que acabou rendendo um artigo que falava sobre a simbologia, e assim garantiram o sucesso que fez com que os sistemas especialistas se tornassem, dentro e fora de locais de pesquisa, um grande sucesso, uma tecnologia de ponta. Isso ocorreu na década de 1970, quando foi estabelecida a manipulação simbólica de um infinito número de fatos especializados sobre certo domínio, que sempre foi restrito, mas a grande descoberta já tinha sido alcançada.

A estrutura de um sistema especialista pode ser analisada de maneira inicial de acordo com a imagem a seguir:

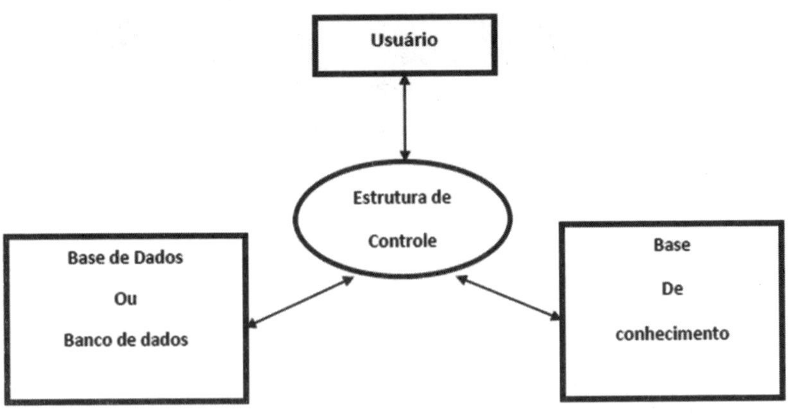

Figura 2.5 – Estrutura básica de um sistema especialista.

Fonte: Sene.

- **Base de Conhecimento:** também conhecida como Banco de Informação, é onde ficam os conhecimentos chamados de heurísticos que surgem e são enviados pelos profissionais especializados e também por pesquisadores teóricos, que trabalham na revisão de bibliografia. Esses podem criar sequências e/ou informações para fornecer aos que trabalham na prática para que os mesmos dominem seus problemas.
- **Base de Dados:** também possui outro nome, Memória de Trabalho, e sua função é de armazenar os dados específicos de qualquer tipo de problema em cada área onde ele possa surgir; a partir daí, eles são usados pelas regras de inferências.
- **Estrutura de Controle:** essa é a famosa máquina de inferência; ela atua na aplicação do conhecimento onde os dados existentes em suas bases têm sua utilidade na busca de soluções de problemas ou, quando muito aplicados, ela atua em poucos quadros deste tipo.
- **Interface:** ela intermedia o programador e a máquina e está sempre com alguma relação no que tange às circunstâncias em que este referido sistema realiza suas ações; são interfaces diversas, que podem ser um arquivo simples contendo textos, mas pode também ser uma interface gráfica (terminal); ele busca soluções baseadas em avaliar um determinado número de variáveis existentes e presentes no próprio sistema.

2.1 Classificação dos Sistemas Especialistas

Os sistemas especialistas podem ser facilmente classificáveis, pois seus detalhes são bem aplicados. Eles podem ser de:

- **Interpretação:** este é do tipo que inferem descrições da sua atual situação tendo como ponto de partida a observação de seus fatos concretos; eles fazem isso pelo procedimento de realização de uma análise detalhada dos dados, na busca de uma determinação para ser utilizada nas relações entre os seus objetivos e significados
- **Diagnósticos:** este tipo de sistema tem a função de buscar falhas originárias da interpretação dos seus dados e o modo que ele analisa é buscando falhas com o diferencial de trabalhar no sentido de conduzir a mesma a outra conclusão que é sempre diferente da interpretação feita nos dados. Além disso, eles acabam por detectar os problemas ocultos que são originários de falhas de seus equipamentos e erros do próprio diagnóstico que o sistema utiliza e que foi insuficiente para detectar a falha.

- **Monitoramento:** a função deste processo é a interpretação das análises dos sinais, sempre com ênfase no comportamento do que está sendo monitorado; além disso, ele verifica continuamente dentro de seu comportamento previamente, ou seja, ele possui limites estabelecidos antecipadamente sempre que existir a necessidade de uma instantânea intervenção para alcançar a execução perfeita.
- **Planejamento:** são métodos usados na hora de aprontar certa preparação de programa com iniciativas que, obrigatoriamente, devem ser adotadas para atingir o objetivo almejado; ela trabalha no modelo de etapas e subetapas quando as mesmas entrarem em conflito, pois ela se organiza pelas prioritárias.

2.2 Interface com o Usuário

Uma questão lógica, que todas as pessoas levam em consideração, é o fato que, em todo o sistema operacional ou aplicativos que necessitam, tanto no computador quanto nos modernos telefones celulares, de uma interface para serem instalados seus aplicativos, sejam cada vez mais simples, um sistema especialista, de forma obrigatória, devem possuir uma interface detalhada, mas, corretamente projetada. Isso é muito importante, pois uma interface amigável com o usuário traz maior procura para seu sistema de forma geral, já que o início é a necessidade do usuário, e depois a dependência vital do programa na sua ação em seu ambiente de trabalho.

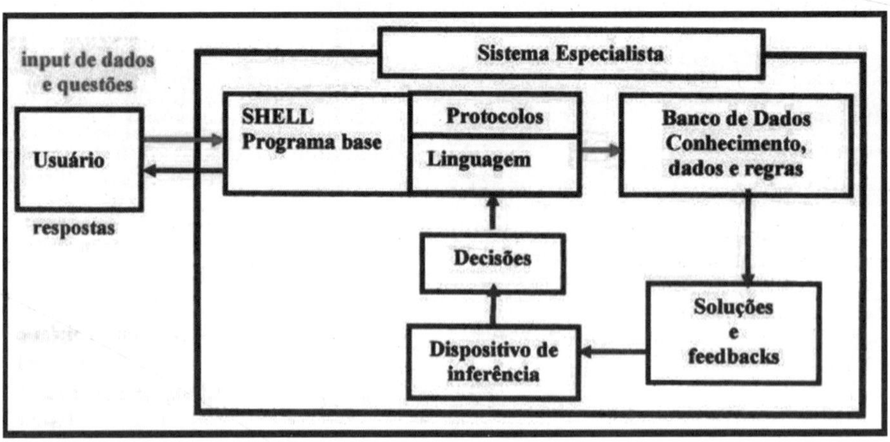

Figura 2.6 – Interface com o usuário.

Fonte: Ebah.

Existem programas nos quais o programador vai trabalhando para tornar cada vez mais amigável a interface com o seu usuário final, deixando o mesmo mais utilizável; para isso, ele pode criar detalhes, cores, animações, janelas e demais recursos que facilitam muito a compreensão rápida e fácil para o usuário de seu sistema.

2.3 Interface de Desenvolvimento

Essa interface é a usada pela equipe que desenvolve o sistema especialista e ela, sem sombra de dúvida, representa uma grande parcela de todo o código do programa, portanto é fundamental na execução do que o sistema especialista deve estar desenvolvendo.

Com uma criação de uma interface de desenvolvimento bem feita, é possível organizar de forma aplicada um ambiente onde as novas capacidades dos sistemas especialistas são inseridas, e também modificadas e alteradas dentro do código; isso é extremamente benéfico, pois a fundamentação da mesma é a de facilitar cada vez mais os programas que servem de fonte e que estão no momento inseridos e utilizados no sistema operacional.

Existem fatos relevantes e muito bons quando recebem a atenção exata e correta, acabam por criar uma interface de desenvolvimento como um índice cruzado de símbolos e regras, no sistema de edição das mesmas, correção automática de erros, uso da parte gráfica como já foi dito neste texto, além dos atributos existentes nas regras que são utilizadas para solucionar os problemas que este sistema especialista foi desenvolvido para fazer; além disso, outras coisas podem ser analisadas dessa forma, como a sequência à manutenção de inserção de listas de comandos da seleção e a documentação, que também é imprescindível para o desenvolvimento do sistema especialista. Todos esses elementos que são facilitadores, devem ter o costume de usar explicações e eles acabam por facilitar que o sistema retorne os dados de maneira mais clara e detalhada.

2.4 Interface com o Sistema Operacional

Os sistemas especialistas não existem somente nos grandes mainframes. Há muito tempo, aliás, eles existem dentro dos microcomputadores, mas eles também podem existir dentro de estações de trabalho, se e também em máquinas que foram projetadas para serem utilizadas no processamento simbólico. O nome dado a elas é Lisp Machines e é fácil observar que, pelo menos, uns 65% dos sistemas especialistas analisados são desenvolvidos para computadores pessoais dentro das empresas ou das universidades e faculdades afins.

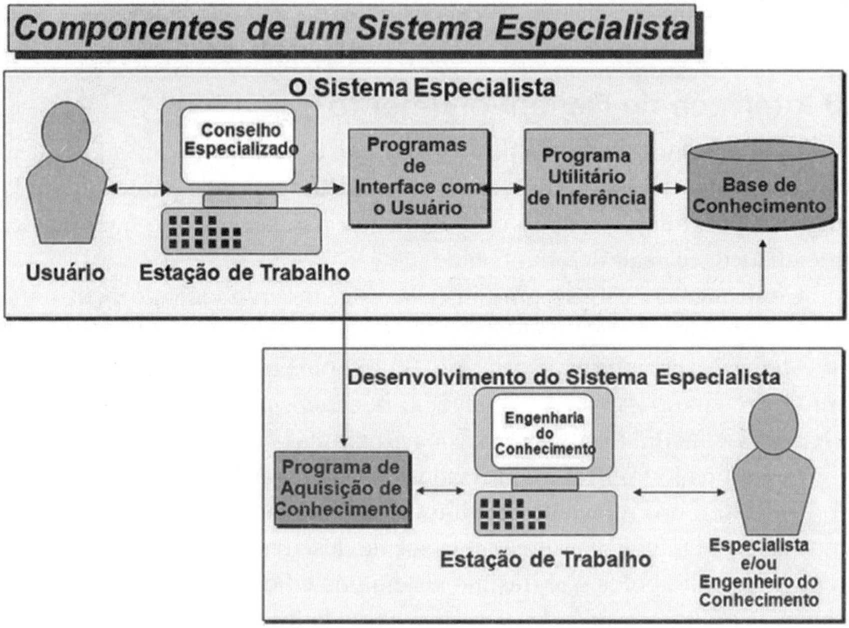

Figura 2.7 – Interface de desenvolvimento - Slideplayer.com.br.

Mas isso não compreende todas as aplicações, pois existem inúmeras ferramentas e sistemas especialistas para diversas plataformas e é importante também citar que as linguagens de programação ASE´s foram baseadas no Assembler, C , Pascal, e as que foram escritas com linguagens para a inteligência artificial como o PROLOG, Lisp, C etc.

Aumentando a compatibilidade e a eficiência do sistema especialista que sobrevém para todos eles a partir dessas linguagens, é importante citar que existe uma grande facilidade para a comunicação com as aplicações convencionais que sempre acabam existindo como sistema de rede, bancos de dados de todos os tamanhos e diversos tipos de planilhas; além disso, quando este tipo de linguagem foi iniciada, ela apresentava dificuldades para uso nas empresas, mas hoje em dia elas suportam interfaces amigáveis para seus operadores.

Além disso, é fato que, para o sistema operacional, o sistema especialista oferece um grau de segurança oferecida muito maior e isso possibilita que o sistema especialista trabalhe com as informações mais confidenciais que devem ser utilizadas e modificadas para os usuários que possuem o acesso às mesmas. O sistema especialista está totalmente ligado ao conhecimento armazenado nele e às regras que se encontram trabalhando em prol deste tipo de conhecimento, onde o especialista administra suas regras formais e definidas dentro de um sistema especialista que acabem trabalhando juntamente, mas, dessa forma, ele se divide em duas partes, sendo uma ferramenta onde temos a programação que vai definir a forma do que existe na memória de trabalho e das regras e a outra sobre o que tange à cooperação na habilidade e a otimização do conhecimento que existe no respectivo sistema.

2.5 Quem são as Pessoas que Trabalham na Engenharia de Conhecimento

É necessário tratar do principal elemento humano, que é o engenheiro do conhecimento. Este indivíduo deve ter uma gama de informações extremamente grande e também deve ser uma pessoa instruída no que é necessário dentro da ciência da computação e dos sistemas especialistas. Deve possuir interesses e conhecimentos em todas as áreas, inclusive nas artes liberais. Eles trabalham analisando os sistemas na sua parte lógica, linguagem estética e também psicológica, para então orientar as disciplinas que trazem este domínio na prática da engenharia do conhecimento.

Engenheiros de conhecimento não são nem engenheiros de programação e nem de programática, pois esses profissionais dominam outra linguagem tradicional, mas isso não é importante para um sistema especialista, portanto, os mesmos profissionais não podem trabalhar com especialistas nem são grandes programadores convencionais. A orientação dos profissionais que trabalham nos sistemas especialistas é praticamente a psicológica se for observado e comparado com um programador simplesmente convencional que passa a vida trabalhando com aplicativos de smartphones ou profissionais que trabalham com a linguagem pascal em builders ou com linguagem C, pois uma ferramenta de inteligência artificial deve analisar todas as funcionalidades de um sistema especialista, e o programador fica exclusivamente na condição de codificar o conhecimento específico que deve existir de acordo com a linguagem adotada, portanto, o mais fácil a partir da criação do Arcabouços de Sistemas Especialistas (ASE), uma ferramenta criada com a intenção de suportar toda e qualquer funcionalidade existente dentro de sistemas especialistas e realiza o trabalho com o conhecimento disponível com a facilidade da criação dos SAE - Sistemas de Automação de Escritório, no que tange à implementação.

Também não podem ser deixados de lado os sistemas de grande porte, onde existe um planejamento em que profissionais que possuem real conhecimento de programação e na disponibilidade de começarem seu trabalho criando sistemas de pequeno porte, fazendo uso de indivíduos que realizam análises e acabam se preocupando um pouco menos com a parte da programação que é desenvolvida por programadores especializados onde os mesmos devem aplicar as ações dentro das chamadas interações humanas, pois tratar de um sistema especialista desta forma, a inteligência que homem possui deve ser imitada pelo mesmo, e para isso o conhecimento geral é indispensável.

2.6 O Conhecimento

Tratar reconhecimento de sua aquisição para a o desenvolvimento do sistema especialista é, sem sombra de dúvida, a parte mais detalhada, porque é a partir da aquisição deste conhecimento sistema se torna cada vez mais utilizável e pesado, mas ela pode ser uma inserção de elementos que podem ser considerados como conhecimento dentro e de um local do sistema especialista onde fica a base dos mesmos; esse fator é fundamental para a integração que deve ocorrer sempre na máquina, assim como na mente humana, que é inserir conhecimentos ao conhecimento que já existe dentro deste local e atravessar este tipo de definição onde ocorrem as relações com os demais elementos que existem dentro do novo conhecimento e que também irão fazer parte dos elementos que já se encontram dentro da base de conhecimento.

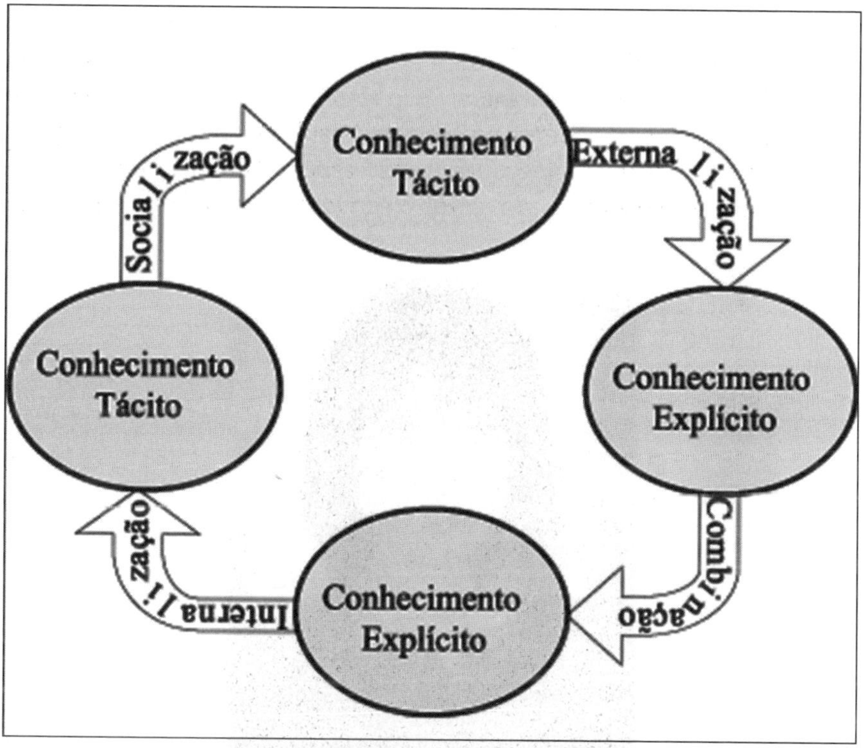

Figura 2.8 – Os processos de conversão do conhecimento.

Fonte: Nonaka, Takeuchi – 1997m

2.7 Focando nos S. E.

Os sistemas especialistas possuem história que surgiu dos valores da inteligência artificial para a trama utilizável, pois existem diversos que são desde fontes de conhecimento utilizadas na agricultura até para investir em ações, pois seus desenvolvedores desejavam muitas soluções e acabaram para projetar softwares para computadores inteligentes e com capacidade para a solução dos problemas propostos, o que é, sem sombra de dúvida, extenuante e grande, pois são inúmeros. Na década de 1970, então, surgiram diversos softwares os quais podemos afirmar que foram os primeiros sistemas especialistas, pois eles possuíam um funcionamento que possibilitava a realização das tarefas solicitadas pelo mesmo, com as quais o ser humano não possuía condições de trabalhar.

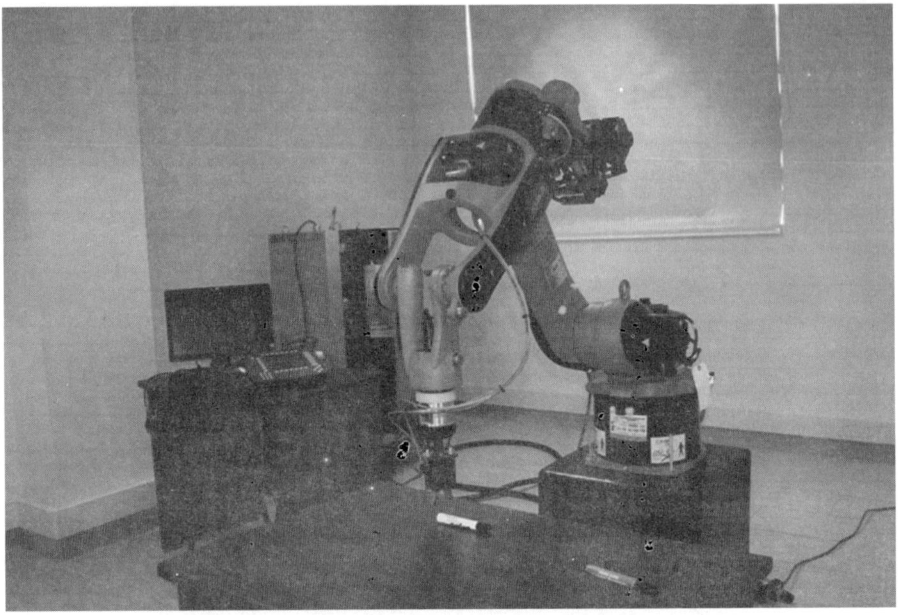

Figura 2.9 – Braço inteligente.
Fonte: ingenierias.itm

Alguns desses sistemas se destacaram dos demais e dentre eles podemos citar o Mycin, que era um programa médico utilizado para realizar diagnósticos em doenças do tipo infecto-contagiosas, criado em Stanford; e também o sistema Prospector, para ser utilizado para a busca de minerais.

Importante chamar atenção novamente para as bases de conhecimento que são um conjunto de inúmeros conteúdos e informações utilizados pelo sistema especialista para resolver problemas, e este conteúdo informativo é representado por regras de sua produção; portanto, essa ação, juntamente com as condições que existem para que os problemas sejam resolvidos através do relacionamento dos atributos podem ser chamados de conhecimento de máquina.

2.8 Shell

Essas ferramentas têm a função de transferir a base de conhecimentos do sistema especialista para o computador, sendo que ela é responsável pela interpretação de toda a informação ou conhecimento que está representado, então, ela demonstra isso para o computador, e, como resultado, as conclusões para os problemas são apresentadas. É importante dizer que ela tem uma função simplificadora no ato da implementação de um sistema especialista e isso quer dizer que qualquer pessoa pode trabalhar com essa ferramenta.

Importante também observar que uma dessas ferramentas é conhecida como editor de regras, por isso mesmo permite a criação rápida de bases de conhecimento aplicado a essa tecnologia; também é muito fácil de ser utilizado através de expressões na linguagem natural na aplicação que possui a finalidade de compor esta base de conhecimento, além de observar as novas regras que vão sendo inseridas e compará-las com as já existentes, fazendo isso utilizando diversas opções de cálculos de probabilidade.

Analisar o processamento de linguagem natural é dizer que há um campo da inteligência artificial que tem responsabilidade de utilizar dispositivos que façam automaticamente a tradução e, conseguintemente, a tradução da linguagem da máquina para a linguagem humana com a abrangência da linguagem escrita e também da linguagem falada, mas ainda existem muitas coisas para serem melhoradas, pois a linguagem figurada é a maneira como o homem fala

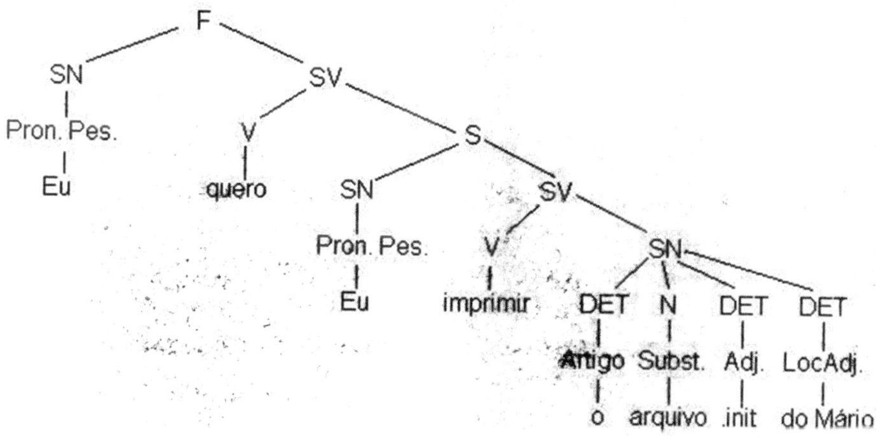

Figura 2.10 – Processamento de linguagem natural.

Fonte: computação.gigamundo.

Além disso, existe um elemento para o reconhecimento de dados. O autor afirma que esta área é extremamente subdividida, pois elas podem ser utilizadas em inúmeros elementos dentro da área da semiótica, como na análise de impressões digitais, na hora de digitalizar um texto, ações e transações em bancos etc.

Definindo o que é um sistema especialista é dizer que são sistemas especializados que são programas que buscam a resolução dos problemas propostos da mesma forma que são realizados com humanos que são especialistas em qualquer área. Como diferencial, este tipo de sistema possui uma base de conhecimentos especializados dentro dos elementos de todo tipo de conhecimento, independente de sua fonte; para isso, eles são utilizados em grande escala na busca de respostas rápidas e exatas dentro das possibilidades que os mesmos possuem.

Sua base é feita em uma arquitetura onde existe uma base de conhecimentos em que ficam as informações que serão utilizadas e que são considerados os mais importantes módulos de arquitetura deste tipo de programa. E o conhecimento deste tipo de base é representado por inúmeras maneiras de representação e de conhecimento onde existem regras que são utilizadas e, dessa forma, o conhecimento da máquina acabou por deixar o sistema especialista distinto dos demais aplicativos existentes nos microcomputadores e mainframes, pois ele possui a capacidade de obter as informações necessárias que não estão contidas também na sua base de conhecimento, pois ele usa inúmeros fatos e também faz uso da questão da informação heurística.

Os passos utilizados pelo sistema especialista são os seguintes:

- O sistema solicita as condições para o usuário;
- Surge, para cada condição, uma pesquisa na base de conhecimento e também nas regras onde estão contidas as condições;
- As regras são tratadas uma de cada vez para gerar novas condições utilizando conclusões já concretas;
- Esse tipo de condição é incorporado ao sistema onde existe um processamento, e aí surge a ação, pois, se existir a condição, o sistema retorna ao segundo item e acaba por realizar novamente a pesquisa dentro da base de conhecimento, caso contrário a sessão termina.

Usa-se, portanto, algo muito conhecido na programação que são as condições SE, ENTAO, SENAO.

2.9 Encadeamento para Trás (Backward Chaining)

É uma otimização dos sistemas especialistas que podem oferecer muitas conclusões, mas que não possuem ainda caminhos suficientes para alcançar os mesmos. Existe o encadeamento para frente, que é baseado em regras, mas existe também o encadeamento para trás, que funciona em seu início quando a máquina vê diferenças e busca valores para que haja condições ou objetivos que já existam dentro delas. Uma vez encontrados, os valores podem ser observados como conclusões; para isso, o sistema especialista busca em seu banco de conhecimento todas as regras que possuem o objetivo que existe no ENTAO e quando a regra é descoberta ou encontrada o ENTAO é aceito e deve ter e oferecer premissas satisfatórias, pois a máquina tem que procurar atributos para as condições, que nada mais são do que variáveis que podem existir e são analisadas e julgadas por ela mesma. Depois disso, e para poder encontrar atributos postos para as variáveis encontradas, o sistema retorna para a função SE e retorna ao segundo passo, mas dessa vez ela aciona um encadeamento recursivo. E se o atributo não foi encontrado, ela retorna com perguntas que são feitas para o usuário, uma comunicação real entre o homem e a máquina.

2.10 Quadro Negro

Também conhecido como blackboard, o quadro negro é tido como a área de trabalho no sistema especialista, pois nele existem as informações e demais detalhes sobre o assunto para o qual ele foi projetado e criado; ele tem a função de oferecer um suporte visual dentro do sistema especialista.

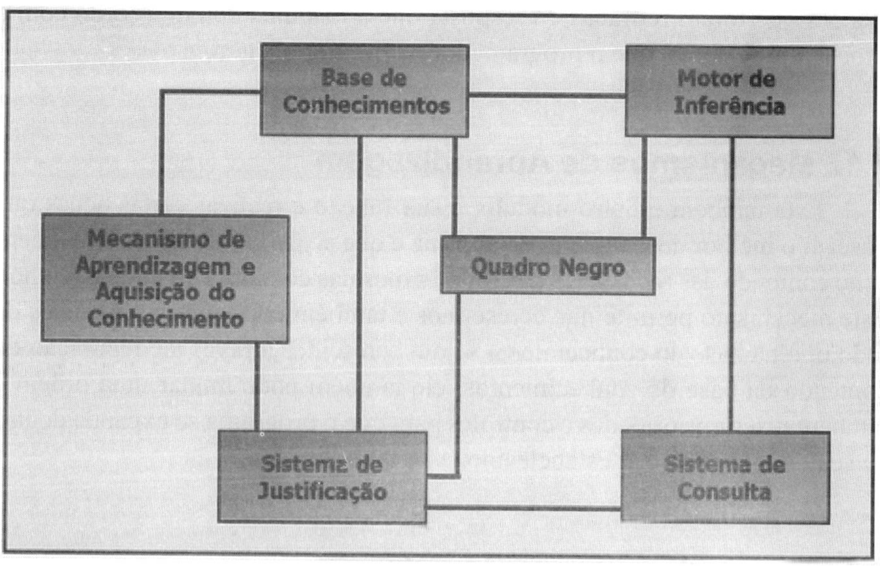

Figura 2.11 – Quadro negro do S. E.

Fonte: dim.uem.br

Ele possui três módulos que trabalham de forma independente entre si:

- O primeiro módulo é conhecido como plano de atuação de seu trabalho, é o de interpretar as regras e justificar as mesmas; ele acaba, então, por validar as condições da regra, inserindo variáveis a elas.
- Já o segundo módulo é denominado o agente, responsável pela análise da importância das regras, e ele também escolhe qual delas irá ser utilizada no momento seguinte.
- E, por fim, o terceiro módulo, que tem o nome de solução, pois este é o módulo que armazena as diversas soluções que vão completar as respostas para o problema justificado.

2.11 Sistema de Justificação

O sistema de justificação nada mais é do que um módulo que tem a capacidade de dar permissão ao usuário para que o mesmo realize perguntas e questionamentos no que tange à solução que a máquina retornou para ele, e a linguagem é a humana e se baseia em perguntas sobre detalhes da conclusão fornecida pelo sistema; ele pode perguntar também a ausência de certas informações que foram retiradas da resposta que a máquina deu de acordo com a situação problema a que o programador ou usuário chegou.

2.12 Mecanismos de Aprendizagem

Este também é outro módulo, e sua função é realizar certas ações que buscam o melhor desempenho do sistema e que acaba refletindo positivamente no conteúdo das respostas, deixando as mesmas com uma qualidade melhor. Este mecanismo permite que acréscimos e também correções e alterações de todo tipo na base do conhecimento sejam acrescidos através da depuração do conteúdo da base de conhecimentos; ele também pode mudar uma ordem e também inserir prioridades e controles para que o programa se expanda dentro de seu conhecimento já estabelecido.

2.13 Inserindo o Conhecimento

Também se trata de um módulo que tem a função de permitir o acréscimo e a alteração do conhecimento existente em um sistema especialista, e essas ações são cumpridas juntamente com outros elementos, como ordenadores, classificadores e editores que filtram, de forma mais exata possível, o conhecimento que existe dentro da máquina.

2.14 Adquirindo Conhecimento

É o módulo que tem a função de acrescentar e alterar conhecimento dentro do sistema especialista onde fornece tarefas que são realizadas com o auxílio dos elementos editores, classificadores e coordenadores que funcionam extraindo ou reaproveitando o conhecimento.

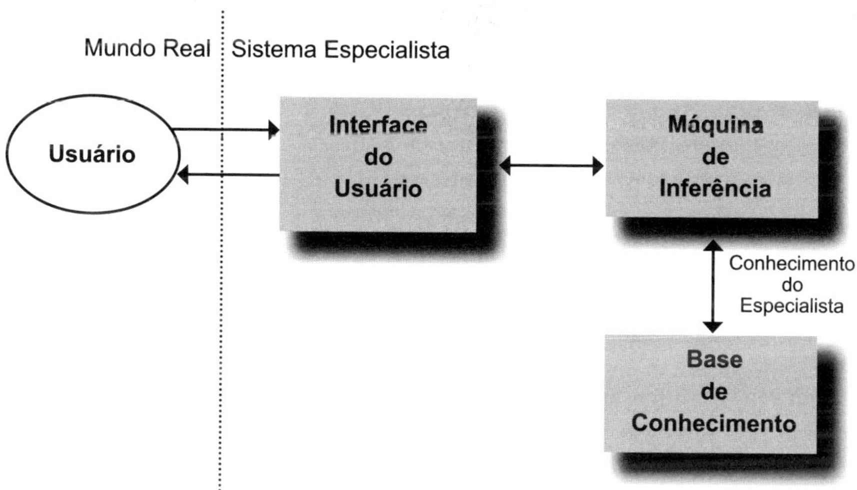

Figura 2.12 – Troca de conhecimentos com o usuário.

Fonte: unird.edu.br

Este modelo de aquisição de conhecimento é extremamente útil, pois ele acompanha e realiza as alterações fazendo com que o usuário tenha, de forma automática e também da parte dele, respostas mais detalhadas e precisas.

2.15 Processando a Linguagem

O processador de linguagem é um módulo que tem a finalidade de criar a linguagem orientada para todos os tipos de sistemas e especialistas; a sua função é trabalhar as necessidades que existem em forma de requisitos oriundos da linguagem técnica que existe dentro da informática; é possível afirmar que este módulo inicia o processo toda vez que o usuário estiver utilizando sistema especialista, portanto ele é indispensável, pois trabalha a semiótica de uma forma única. Ele torna algo complexo e que existe dentro do sistema de uma forma amigável para seu uso e, para isso, possui uma interface de linguagem natural. Este processador, que trabalha com linguagem natural, também é um sistema especialista.

2.16 Justificador de Conhecimento, Sequenciador, Interpretador e Reforçador de Consistência

Justificador de conhecimento é uma parte do sistema que acaba por interagir com seu usuário na função de esclarecer para o mesmo que o sistema já possui uma conclusão; ele também solicita, através da interface, por que determinada pergunta está sendo feita ou realizada.

Os sequenciador é um elemento que tem a função de escolher as regras que serão utilizadas tendo como base os fatos e também as hipóteses que já existem em seu banco de dados; além disso, ele determina as ordens onde as regras são avaliadas.

O interpretado, por sua vez, avalia as regras que, com base nas hipóteses e nos fatos que existem, acaba por criar novos fatos e novas hipóteses que vão auxiliar a não solucionar de forma direta todas essas regras até que a conclusão final seja satisfatória e utilizável.

Já o reforçador de consistência possui um procedimento para uma análise final da solução que será fornecida para o usuário, e esta solução possui como base uma grande consistência e trabalha junto com várias outras regras que estão presentes e localizadas na base de conhecimento; ele também pode analisar se existe algum caso parecido já resolvido; ele também tem a função de catalogar o que foi inserido, bem como suas conclusões.

2.17 Sistemas Especialistas e a Inteligência Artificial Distribuída

A inteligência artificial distribuída é uma área onde métodos cooperativos são utilizados com a intenção de solucionar os problemas antes inerentes a este tipo de parâmetro; sistemas baseados nessa tecnologia também são formados de várias partes.

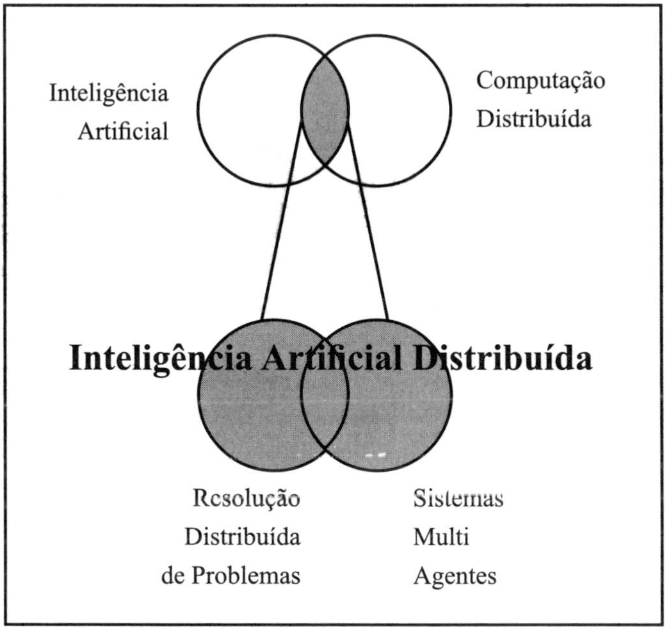

Figura 2.13 – Inteligência Artificial Distribuída.
Fonte: slideplayer.com.br.

Isso é utilizado toda vez que um sistema especialista estiver trabalhando com uma problemática extremamente complexa em que ele não consegue resolver o problema sozinho. É neste ponto que esta tecnologia analisa esses problemas complexos e trabalha a partir da decomposição dos mesmos, pois assim ela transforma em problemas mais simplificados analisando as características que são distintas de cada um deles.

A inteligência artificial distribuída deu se no início na década de 1970, quando ocorreram os primeiros experimentos para resolver problemas deste tipo. Inicialmente se tratava de um sistema para reconhecimento da fala humana e, então, na década seguinte, as necessidades sobre esta tecnologia eram para a utilização no reconhecimento de palavras e também interpretar sensores além de controlar robôs de todo o tipo.

Na área da robótica, ela foi inicialmente utilizada para trabalhar com os poucos conhecidos robôs relativos que possuíam como base a sua utilização simples baseada em comportamentos rotineiros, mas hoje a inteligência artificial distribuída é utilizada em muitas coisas.

E, falando dessa tecnologia, ela está onde determinado agente trabalha cada uma de suas entidades ativas, pois cada agente trabalha seu raciocínio dentro de um tipo de ambiente, e, a partir da sua união com outros agentes deste tipo, de forma racional, ele decide através da análise quais são as ações que devem ser tomadas.

Importante também observar a existência de sistemas multiagentes cujo principal objetivo é fornecer meios para que os agentes possam trabalhar juntos na resolução de problemas específicos e a função do mesmo é apresentar sua primeira característica, é que os mesmos são concebidos de forma independente de problemas particulares que serão resolvidos, ou seja, eles não têm possibilidade de realizar um processamento do tipo específico para resolver problemas particulares; em vez disso, eles são capazes de realizar qualquer processamento. Outra parte do sistema é onde o agente é a interação, onde estão desenvolvidos diversos protocolos genéricos, ou seja, limitados. Nessa ótica, eles podem ser utilizados diretamente em inúmeras aplicações. Existe a organização que trata de agentes implementados de forma completa onde são indispensáveis na resolução de um problema. E ainda existe o controle do sistema que não é global, pois o mesmo é implementado descentralizado.

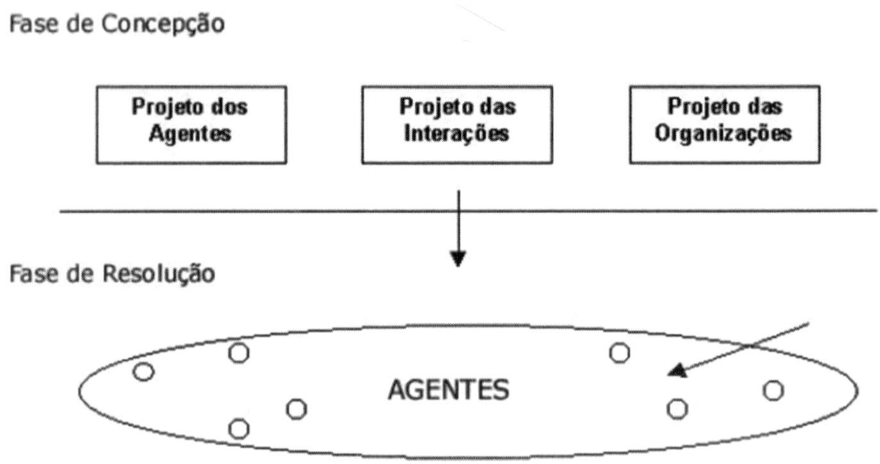

Figura 2.14 – Sistemas Multiagentes.

Fonte: dct.ufms.br

2.18 A Real Relação de um Sistema Especialista com a Inteligência Artificial Distribuída

A tecnologia de sistemas especialistas junto com a inteligência artificial distribuída pode ser tratada como uma revolução dos sistemas que resolvem problemas, pois os sistemas especialistas, até então, trabalhavam com uma visão muito ampla e uma abordagem centralizada do problema. A partir de então, foi possível visualizar o local onde estava o problema a ser resolvido pelo seu agente, onde o comportamento geral e a funcionalidade, na sua totalidade, eram resultados de interações destes mesmos. A partir do particionamento do problema geral em pequenos problemas menores, para trabalhar como um sistema especialista em algumas atividades, pois o que o agente deve fazer é criar o retorno para o usuário, sua decisão, no que tange à solução do que foi proposto, teria este tipo de pensamento, que permite que os sistemas especialistas acabem por ser planejados e projetados para algo mais flexível e imperativo. Importante caracterizar que esses sistemas são a inteligência artificial que pode gerar e também tem capacidade para a execução dos planejamentos dos mesmos. É nisso que ele consiste, na metodologia de que cada agente tem condição de planejar as ações contando com as características das ações os outros agentes, pois cada um deve possuir conhecimentos de certas características, o que resulta em um trabalho chamado de raciocínio social. Cada agente observa focalizadamente algo dentro da situação geral do problema, depois eles interagem entre si e se comunicam para compartilhar objetivos comuns e aperfeiçoar trabalhando nos mesmos.

2.19 Aplicações da Inteligência Artificial Distribuída

A inteligência artificial distribuída pode ser classificada como um sistema que é capaz de permitir inúmeros processos autônomos conhecidos como agentes, pois eles são capazes de pôr em prática os atos conhecidos como de inteligência global através de um simples processamento local, além do uso da comunicação interna entre os processos.

É possível dizer que a função maior de um sistema especialista baseado em conhecimento distribuído é a possibilidade de reger e coordenar atividades do grupo, com a intenção de resolver o problema que surge no ato da compartilhação de sistemas; eles podem ser de cem por cento ou os que permitem atingir somente em uma parte do mesmo.

Então, a utilização dessa tecnologia possibilita a resolução dos problemas que não são resolvidos pelo sistema de inteligência artificial, também conhecido como a tecnologia tradicional, com a inteligência artificial distribuída; a diferença está no fato de que a base de conhecimento pode ser subdividida nas áreas de acordo com o problema; assim, cada um dos processos tenta resolver parte do problema que já está dividido. Após a resolução, o mesmo devolve os dados que já estão prontos para a base de conhecimento a fim de que outro processo acabe por analisar um mesmo e identificar o padrão para que possam ser fundidos, então manipulando, desta maneira, o mesmos dados e acabando por adiantar bastante a resolução do problema proposto.

2.20 Rede Corporativa de Sistemas Especialistas

A grande busca dentro da tecnologia da inteligência artificial distribuída é que existe uma necessidade para desenvolver, através da pesquisa, programas que acabam por permitir que sistemas especialistas estejam apoiados, pois a grande diferença é que os mesmos já existem em redes como alternativas de trabalho, e isso é deveras interessante, pois abre a possibilidade para supor, de forma natural, a heterogeneidade de inúmeros sistemas que são oriundos da ciência da computação como um todo. O significado de tudo isso é que os esforços para padronizar os mesmos não possuem utilidade nenhuma, mas essas posturas sempre deixam passar novas aplicações e também tecnologias que saem diretamente dos desenvolvedores e pesquisadores além das empresas que acabam por produzir este tipo de programa.

Já não é de hoje que essas pesquisas resultam em sistemas que têm a capacidade de responder à necessidade da criação de sistemas voltados para o cooperativismo. Isso acabou se transformando no primeiro passo quando os aspectos primários de cada campo existem, pois torna a comunicação extremamente dinâmica entre os agentes e são criações desenvolvidas em inúmeros ambientes onde a programação para sistemas cooperativo já reside.

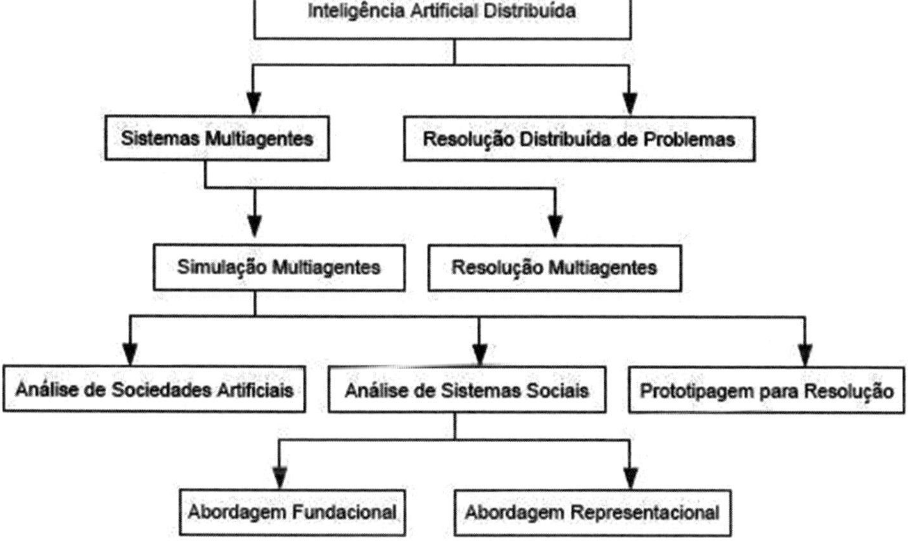

Figura 2.15 – Inteligência Artificial Distribuída.
Fonte: inf.ufes.br

Existe também a necessidade de um montante de grupos que realizam pesquisas nessa área com a intenção de integrar agentes cooperativos em sistemas maiores pois eles garantem que a operação na utilidade entre esses sistemas e a aplicação dos mesmos na indústria e também no setor de serviço acabam fazendo com que novas características dos problemas sejam analisadas pelo programa, e as mais importantes são a heterogeneidade na função da representação do conhecimento, juntamente com a base de dados e as linguagens de programação, e exige também a fundamental presença na comunicação de serviços e a integração que nada mais é do que um conceito que tem a função de trabalhar de forma harmoniosa com um conjunto de diversas aplicações de que os sistemas e os produtos e serviços necessitem.

O modelo representativo de uma rede de sistemas especialistas existe em três tipos de camadas:

- A camada da rede de sistemas especialistas;
- A rede de facilitadores,
- A comunicação da rede.

Já é possível resolver diversos problemas juntos que são bem mais complexos do que um problema que seria resolvido por um programa de inteligência artificial sozinho. Por isso existe o termo cooperação, que tem a função de juntar todos os seus sistemas, o que permite resolver o mesmo de maneira mais fácil, para isso, deve existir uma rede de facilitadores, este modelo possui uma grande abrangência em um grande conjunto de sistemas que possui capacidade de determinar e definir como coordenar a resposta que resulta da solução e do resultado se a operação envolvendo a resposta dos usuários for de forma rápida e otimizada.

A solução do problema funciona como um tipo de intercâmbio, que possui, de um lado, os próprios facilitadores e, do outro, e no meio dos facilitadores, também existem sistemas especialistas que permitem que o usuário observe que, dentro de cada facilitador existem inúmeras interfaces que ajudam e permitem que a conexão com o usuário exista, além de uma base de dados gerenciadora deste sistema e também de um sistema especialista, ou seja, de forma externa, cada um dos facilitadores é automaticamente incorporado aos demais que são necessários para resolver o problema.

Existe também a comunicação da rede que trata da rede de computadores, e a rede de comunicação física e suas utilizações são:

- Assegurar, de maneira mais lógica possível, a interconexão da rede dos facilitadores;
- Garantir a robustez do serviço que tem a função de transmitir as mensagens.

Sobre as camadas de sistemas abertos, é possível afirmar que os usuários deste tipo de sistema facilitador se encontram na última camada quando esse sistema é aberto e cooperativo; a camada de aplicações os faz imitadores se encontram na penúltima das mesmas, então, essa acaba por se tornar uma camada que apresenta a função de gerar a comunicação para a camada superior.

2.21 Arquitetura do Facilitador

Os facilitadores possuem um objetivo preliminar e fundamental, que é o de assegurar, com o maior número de acertos possível, a coordenação do sistema especialista, que está ligado a demais sistemas especialistas existentes nos processos, os facilitadores, pois eles asseguram e trabalham para que todos eles retornem uma solução global dos problemas que existem para o usuário em um menor espaço de tempo.

E o facilitador possui muitas tarefas, como a de incluir um controle de inúmeros tipos de diálogos que estão envolvidos na solução dos problemas, e, além disso, ele seleciona uma estratégia para a cooperação a fim de que a solução concorra de maneira correta. Eeles possuem dois módulos:

– Módulo de controle de cooperação;
– Módulo de controle de diálogo.

O controle de cooperação é o módulo principal dos facilitadores, pois a primeira fase de atuação em um problema é analisar e criar um grupo de agentes que estão disponíveis no sistema. Após isso, deve-se escolher a estratégia que será utilizada para a solução do mesmo e, logo na sequência, analisar os diversos tipos de diálogos envolvidos. É possível afirmar que este módulo possui um conhecimento grande no que tange ao fato de dominar a rede dos sistemas especialistas em inúmeras estratégias de cooperação, da mesma forma em todos os sistemas disponíveis.

Já um módulo de controle de diálogo é o responsável pela estratégia selecionada que será utilizada, além de gerenciar o diálogo que é correspondente em inerente ao meio. É muito interessante citar que existem três tipos diferentes de diálogos em um sistema especialista com um facilitador:

– O diálogo entre o facilitado, que é pouco usuário;
– O diálogo entre o facilitado ou por seu sistema especialista;
– O diálogo existente com outros facilitadores que são integrantes da rede.

2.22 Inteligência Artificial na Internet

O potencial da Internet busca sempre uma otimização quando são trabalhados os sistemas especialistas dentro da grande rede. É possível destacar que a inteligência artificial, dentro da Internet, possibilita fazer com que o computador pessoal deixe de ser um terminal, e todos os navegadores hoje em dia já permitem a execução de programas aplicativos que se encontram nos computadores de seus internautas.

Figura 2.16 – Símbolos dos navegadores mais utilizados.
Fonte: clickinfo.blogspot

O Java é executado de maneira local. Essa linguagem é impressionante, pois tudo o que é desenvolvido por ela na programação convencional ou na programação para a Internet roda em qualquer tipo de sistema operacional, independente de qual seja, mas a maioria dos sites localizados não faz uso de simples aplicações que existem para a execução distribuída, e isso torna muito difícil encontrar utilização para inteligência artificial através dos sistemas especialistas.

A implementação do conhecimento é utilizada em alguma área especializada e sempre tem a função de ajudar o usuário a tomar decisões ou criar planejamentos entre outros. E a inteligência artificial aplicada à Internet sempre procura imitar o intelecto do ser humano, como os sistemas especialistas criados para trabalhar na área da saúde que auxiliam profissionais a chegar a um diagnóstico preciso. Para isso, ele toma conhecimento dos sintomas, sinais e também dos resultados dos exames feitos no laboratório para onde são enviados para quem o solicitou; portanto, esse sistema pode ser utilizado em qualquer parte do planeta, fazendo uso de qualquer computador a qualquer hora do dia; esse é o grande diferencial da linguagem Java, e a Internet sempre vai se tornando mais inteligente utilizando programas especialistas.

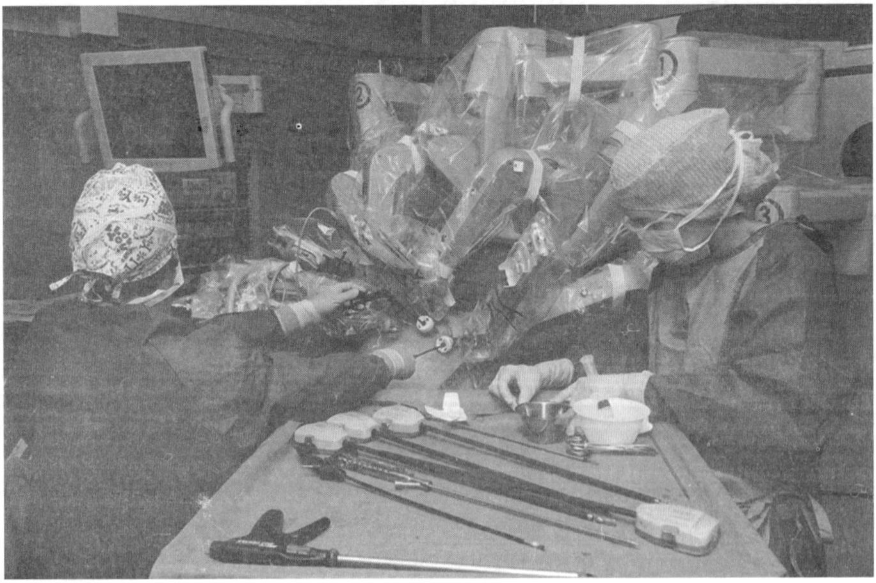

Figura 2.17 – Inteligência artificial na área médica.

Fonte: infinitomaizum.wordpress

Interessante observar que uma grande utilização na inteligência artificial dentro da Internet são as tecnologias para vendas que possuem mais agentes inteligentes que analisam a navegação e os acessos do usuário a determinadas páginas da Internet, e isso funciona de maneira que, quando o usuário entra em um site com a intenção de adquirir algum produto, surge na primeira vez este sistema, que vai analisar os desejos de compras do usuário através do reconhecimento do seu protocolo de Internet, e assim ele vai adaptar as preferências do mesmo dentro dos sites de vendas. Também, quando permitido pelo usuário, eles podem enviar um email para o usuário sobre os lançamentos de suas preferências. São mineradores de dados a serviço das empresas de todo o porte que existem na Internet e que acabam fornecendo produtos existentes dentro da área de interesse das pessoas. A mineração dos dados armazena também, através da inteligência artificial, dentro de um sistema especialista, os dados como idade preferências, renda etc.

2.23 Sistemas Especialistas Propriamente Ditos

E, como já foi dito nesta obra, os sistemas especialistas são programas de inteligência artificial que se baseiam no conhecimento para serem como um especialista humano na hora em que a máquina necessita resolver um problema de grande porte focalizado, ou seja, específico.

Desta forma, os sistemas especialistas acabam por solucionar os problemas que são ou eram resolvidos pelos especialistas humanos, e, para isso, esses programas necessitam acessar uma grande base de conhecimento do domínio da sua aplicação que necessita ser transformado de maneira extremamente eficiente. Além disso, o sistema especialista precisa também realizar uma exploração de um ou vários mecanismos de raciocínio, pois não é somente a resposta que eles retornam ao usuário; eles também explicam como chegaram a tal conclusão.

O termo "especialista", de forma original, acaba por representar uma limitação na capacidade de representação e também na hora de armazenar o conhecimento dentro de si, pois ele trata especificamente sobre a instrução de ser um sistema que soluciona de maneira geral os problemas aplicados a inúmeras áreas.

É importante também declarar nesse momento que os problemas que os sistemas especialistas trabalham são extremamente diversos que possuem questionamentos gerais oriundos de inúmeros domínios para poder ter sucesso comercial. Suas principais características são:

- Ter conhecimento especializado na quantidade e qualidade certa;
- Adquirir novos conhecimentos sobre diversos assuntos e detalhados;
- Possuir conhecimento incompleto, subjetivo e também inexato;
- Incluir a questão das incertezas;
- Trabalhar de forma independente da estrutura de controle;
- Explicar o raciocínio que foi usado para a solução do problema.

É também importante citar que existem vários tipos de sistemas especialistas, pois, na imitação do raciocínio humano, a tecnologia pode ser criada para as seguintes posturas:

- **Diagnóstico**: aquele que trabalha funções erradas;
- **Interpretação**: é aquele que compreende qual é a situação;
- **Predição**: é o que trabalha as consequência de cada uma das situações;
- **Projeto**: é aquele que realiza a configuração dos objetos existentes e suas restrições;
- **Planejamento**: é o que realiza a projeção no que tange à sequência de cada uma das ações necessárias para a resolução do problema proposto;
- **Depuração**: é aquele que oferece condições para neutralizar os funcionamentos equivocados;
- **Reparo**: é o que executa, utilizando os resultados da depuração, a administração da solução que é prescrita;
- **Instrução**: é o que a realiza o diagnóstico e a depuração e o reparo;
- **Controle**: é o que é encarregado de interpretar, realizar edições, realizar reparações e a monitorar o comportamento do que está sendo trabalhado.

Um ambiente de um sistema especialista mostra claramente que existem duas ações temporais muito distintas: uma é a construção do mesmo e a outra a utilização. O programador que tem a função de construir um sistema especialista trata-se de um engenheiro de conhecimento, profissional que deve dominar as ferramentas que desenvolvem além das linguagens que serão utilizadas como representação ativa e imediata do conhecimento, que pode ser privado, que é aquele obtido por entrevistas com especialistas sobre este assunto ou o do tipo público, quando o conhecimento pode ser realizado através de um levantamento bibliográfico utilizando livros e periódicos. Seus componentes básicos, de uma maneira geral, podem ser separados em três:

Base de conhecimentos, que nada mais era do que a parte central do sistema especialista e é lá que possuem e representam o conhecimento pertinente para certo tipo de problema. Muitas vezes ela tem dados que são extraídos de diversos humanos especialistas de maneira a declarar ativamente, com ou sem detalhes, mas é algo formal e é composto de declarações.

Memória de trabalho é aquele que armazena todas as informações que o usuário inserir pelo sistema durante seu curso e que é o responsável por apagar as informações após a consulta.

Motor de Inferência, que é o que gera conclusões novas a partir da observação e manipulação do conhecimento que existe na base de dados e também na memória do trabalho. Ele é, independente do tipo de representação de conhecimento, encontrado com mais frequência quando as premissas das regras são verdadeiras e palpáveis, e é nesse ponto que é possível o usuário aceitar com certeza as conclusões do sistema que podem ser acrescentadas onde já está o restante do conhecimento.

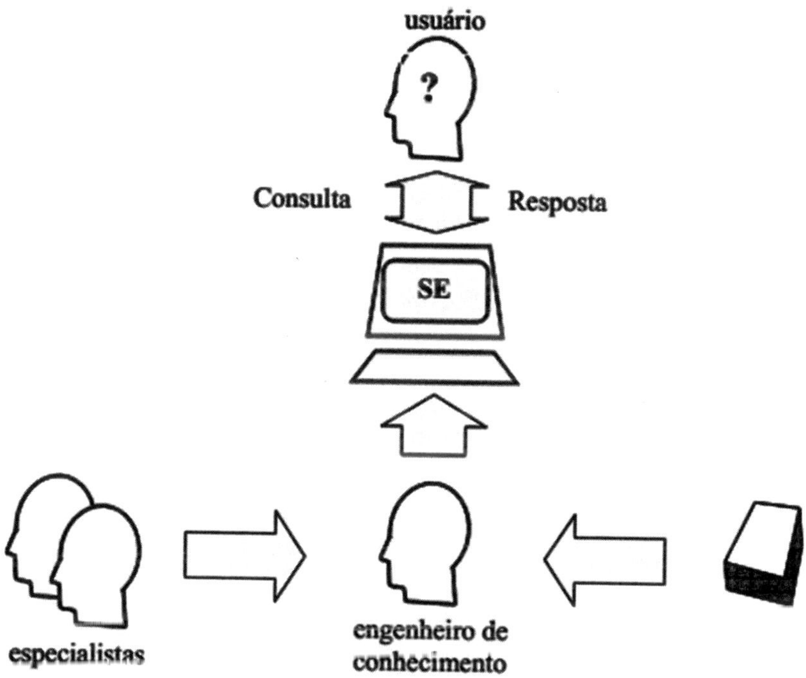

Figura 2.18 – Ambiente de um Sistema Especialista.

Fonte: Álvaro Guarda.

O sistema especialista é interativo e necessita de componentes que são os gerenciadores da interação entre o sistema e o seu usuário final. A intenção é que o usuário pergunte questões relevantes dentro de respectivas áreas e aguardue as respostas e explicações que foram solicitadas ao sistema especialista.

2.24 As Ferramentas de Desenvolvimento dos Sistemas Especialistas

É um fato importante citar que, sempre no início, cada sistema especialista é desenvolvido a partir do nada, mas após o desenvolvimento de vários sistemas é possível perceber que eles possuem muitas características comuns. Focando no fato que o sistema é construído de forma a ser um conjunto de declarações e representações, que verdadeiramente, tratam-se de regras que, quando combinadas ou interpretadas nas representações, possibilitando a criação de um sistema que pode ser usado na criação e elaboração de novos sistemas especialistas através do acionamento de novos conhecimentos que existem em um novo domínio do problema, esses interpretadores são chamados de shells.

Existem diversas ferramentas que podem ser compradas e que servem como base para diversos sistemas especialistas quando os mesmos são criados de maneira correta.Através dessas mesmas, a representação do conhecimento e também do raciocínio se encontra em uma situação mais flexível do que se forem comparadas com os sistemas especialistas mais antigos, pois eles suportam regras e também sistemas de manutenção da verdade em quadros além de mecanismos de raciocínio mais atuais.

E isso se deve ao fato de que as primeiras ferramentas ofereciam mecanismos para representação do conhecimento. Elas associavam e também explicavam. Depois disso, surgiram ferramentas para que as mesmas pudessem também adquirir conhecimento, mas as experiências aumentaram, pois a busca era a de desenvolver um sistema que solucionasse problemas inerentes à realidade fora do computador, o que deixou evidente que essas ferramentas precisavam fazer algo acrescido no que elas ainda já faziam para facilitar a integração de sistemas especialistas com outros programas, além dos acessos ao banco de dados, seu controle e os de outros sistemas, em geral, são inseridos em aplicativos de grande porte e também em sistemas operacionais que usam técnicas de programações comuns, portanto, as características deste tipo de ferramenta resultam em uma necessidade de ter uma interface entre o sistema especialista escrito com determinada ferramenta, que são de fácil utilização em um ambiente propício para isso.

Existem softwares que podem ser utilizados para desenvolver sistemas especialistas que estão na figura a seguir, mas exigem uma grande experiência dentro da área, pois representam um meio-termo entre a inteligência artificial e o usuário.

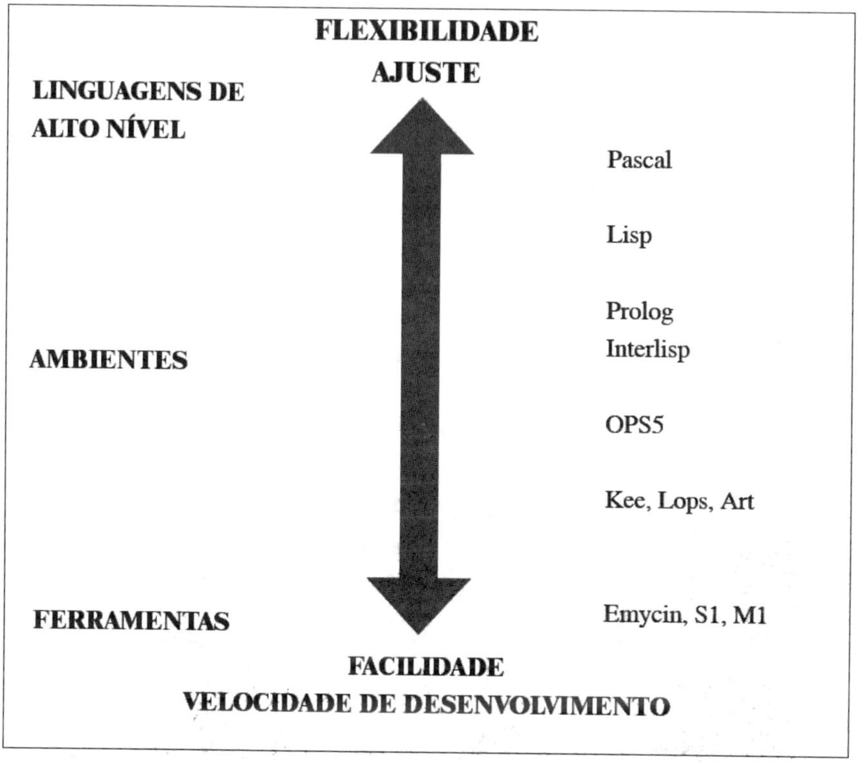

Figura 2.19 – Linguagens que trabalham com os Sistemas Especialistas.
Fonte: Álvaro Guarda

2.25 Os Problemas que são Resolvidos pelos Sistemas Especialistas

De forma atípica, os problemas podem ser resolvidos com um sistema especialista, pois eles são aqueles que podem ser catalogados com o tipo de problema que deveria ser atendido por um especialista humano, analisando especialistas de todas as áreas, ou seja, eles são reais quando dominam o problema a ser solucionado que sempre é extremamente focalizado e específico como um diagnóstico de alguma doença, da mesma forma que o profissional humano acaba por fornecer a resolução e o sistema especialista já apresenta as regras gerais que indicam a análise do problema de forma explícita como a de um analista com muita experiência, fazendo com que, em cada caso, seja avaliado e testado utilizando programas de computador que possuem essas possibilidades, e analisando os dados que existem através de testes.

Importante citar que os sistemas especialistas trabalham com problemas cada vez mais complexos e, dessa forma, eles são obrigados a utilizar todas as técnicas disponíveis dentro da inteligência artificial para analisar e escolher um método mais apropriado ou uma combinação de vários métodos para um determinado problema para que possa ser necessário analisar o mesmo em diversas dimensões.

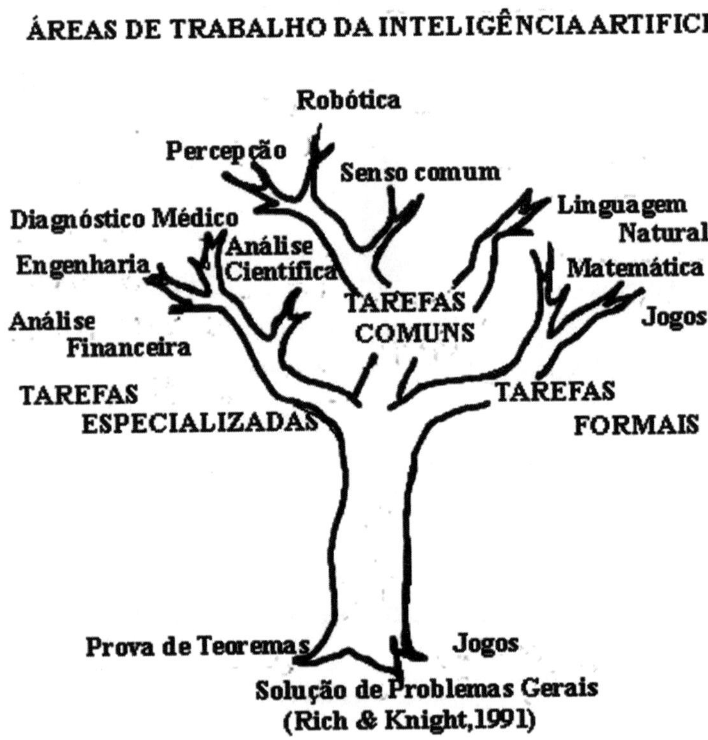

Figura 2.20 – Áreas de trabalho da Inteligência Artificial.

Fonte: cena.usp.br

O sistema especialista possui a intenção de escolher e determinar o método utilizado mais apropriado, por isso, eles acabam por decompor o problema em um conjunto de pequenos problemas independentes, que, por essa característica, são menores, portanto, menos complexos, mas nem todo problema pode ser decomposto. Também existe uma parte do sistema que, quando busca solução, acaba por ignorar certos elementos, e dessa forma a recuperação de um problema é extremamente importante na hora de determinar quão complexa é a estrutura de controle que existe na busca da solução.

Importante também observar o que se chama universo do problema, no foco que o mesmo pode ser previsível, e para chegar a isso é possível analisar e separar o problema com o resultado certo e que utiliza um planejamento para finalizar uma sequência de operadores e que leva a solução apropriada, e também existe, dentro do universo do problema, aquele que é incerto, onde é possível utilizar o planejamento na busca de uma sequência de operadores que possuem uma boa chance de buscar a solução na melhor das hipóteses.

É também muito interessante que exista uma boa solução para problemas que possuem características sem utilizar a comparação com as demais soluções possíveis. Neste caso, existe o sistema especialista, que aceita qualquer caminho e que soluciona em um tempo razoável através do uso da heurística, onde existem os caminhos que podem ser tomados e existem os que aceitam somente o melhor de todos os caminhos, onde irá buscar a possibilidade da utilização de qualquer heurística para a previsão, pois essa busca é exaustiva.

Importante dizer também que existe uma necessidade muito grande de muito conhecimento para resolver problemas mais complexos para limitar a busca, como é um exemplo do galante jogo de xadrez, onde a perspicácia está acima de qualquer fator de sorte, mesmo que os mesmos ocorram. É também importante observar que é necessário muito conhecimento para que ocorra um reconhecimento de uma solução, e isso pode ser analisado em fontes que se buscam para tomar uma decisão como em uma revista ou um periódico.

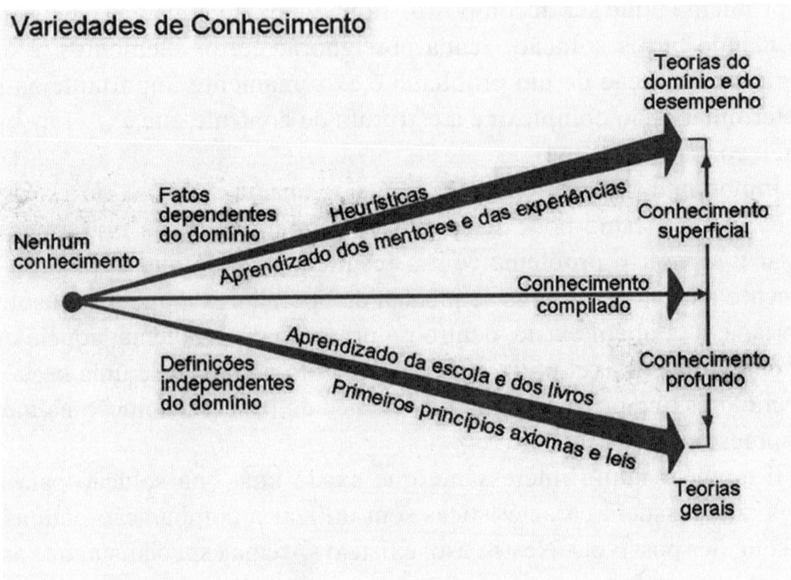

Figura 2.21 – Papel da heurística nos sistemas especialistas.

Fonte: sistemasespecialistas.blogspot.com

É importante também analisar o fato de o computador que, de forma simples, trabalha sobre o problema sozinho até alcançar a solução. O que ele faz nessa busca juntamente com um indivíduo que está operando, nesse caso, o sistema é chamado de solitário. Ele é aquele que acaba por receber a descrição do problema e retorna uma resposta de forma imediata e sem nenhuma solicitação para a pessoa, e existe uma comunicação intermediária com o homem para que seja proporcionada uma assistência extra ao sistema especialista.

Mas os pesquisadores que estão iniciando nas veredas dos sistemas especialistas não podem esquecer que é inexistente uma maneira única que irá resolver todos os problemas. Infelizmente isso está errado, pois existe uma classificação dos métodos para a solução, de acordo com cada tipo de problema que a máquina apresentar, mas os problemas que já foram resolvidos podem auxiliar na resolução de novos problemas.

2.26 Tipos de Raciocínio Diagnóstico

Seus raciocínios que trabalham com probabilidade, reconhecimento de causa etc. acabam por simular, em um programa de computador, cada um com seu, assim como as informações chegam com o passar do tempo. Portanto, pode-se dizer que o principal objetivo do sistema especialista é a restrição, pois deve ser considerado que o objetivo existe neste tipo de modelo que pode ser catalogado como psicológico, pois é conhecido para a reprodução mais fiel possível do especialista humano na hora de resolver o problema que existe no mundo real, mas há muitas restrições para o computador.

Então, de modo muito claro, surge a pergunta, quais são os objetivos dos sistemas especialistas? Isso pode ser respondido como algo bastante restrito e devem sempre ser considerados e comparados para que busquem os objetivos dos modelos psicológicos. Como já dito nesta obra, eles são conhecidos para a reprodução mais exata possível que o comportamento de um especialista humano na hora de resolver problemas existentes exclusivamente no mundo real, mas há uma imensa restrição no que tange ao domínio deste tipo de problema.

Os primeiros sistemas especialistas que obtiveram sucesso já foram citados neste livro, que são o Dendral e o Mycin. E a partir deles inúmeros outros sistemas começaram a ser criados para resolver também uma infinidade de novos desafios dentro de todas as áreas em que o especialista humano trabalha, como na química industrial, agricultura e pecuária, sistema de computadores, engenharias, geologia, previsão de tempo, direito, medicina, matemática etc. Deve ser realmente afirmado que os principais sistemas deste tipo foram criados nas décadas de 1970 e 1980.

Vale citar que os sistemas especialistas acabam sendo usados sempre que a inteligência artificial é pesquisada, porque eles acham as aplicações práticas no mundo real e procuram assimilar as mesmas, mas é fato que sistemas especialistas são imensamente ilimitados quando se trata do assunto do domínio do conhecimento. Ele comete erros que um especialista humano apontaria de forma imediata, mesmo com muitas pesquisas. Essa face problemática ainda existe e vai demorar muito até ser resolvida. Isso tira aquela visão mística sobre inteligência artificial, pois os programadores percebem que os sistemas especialistas nada mais são do que versões elaboradas de programação de procedimentos que são utilizados há décadas. Também, por isso, é possível afirmar que algumas das técnicas utilizadas por sistemas especialistas podem ser encontradas de maneira muito fácil e em vários locais e programas complexos sem nada de especial nessa relação, como é o caso dos sistemas operacionais que existem no mercado. Todos eles possuem sistemas especialistas em seu kernel, mas trabalham de formas tradicionais, pois os mesmos sistemas operacionais dominam o problema e codificam os mesmos na estrutura dos dados e nas instruções puramente ditas.

Figura 2.22 – Interface do Windows 8 que possui vulnerabilidade para os dados contidos nele

Fonte: Techtudo.

2.27 Comparando Sistemas Especialistas com Sistema de Solução de Problemas

Existe uma diferença bem notável entre o sistema especialista e um programa tradicional, e ela se encontra no modo como o conhecimento sobre o domínio do problema ocorre na hora da sua codificação, pois, no tradicional, o fenômeno que ocorre é que o conhecimento sobre o específico problema é codificado nas instruções propriamente ditas e também nas estruturas dos dados.

Já os sistemas especialistas, por sua vez, possuem todos os conhecimentos que são relativos ao domínio do problema e são codificados de forma exclusiva na estrutura de dados, pois nenhum conhecimento é armazenado no local das instruções ou dentro dos programas propriamente ditos, o que traz muitos benefícios, como é o caso de diferenciar, de forma inteligente e automática, uma abordagem tradicional e uma abordagem de um sistema especialista. São utilizadas sempre e a todo momento, como ocorrem na hora de declarar o imposto de renda via Internet.

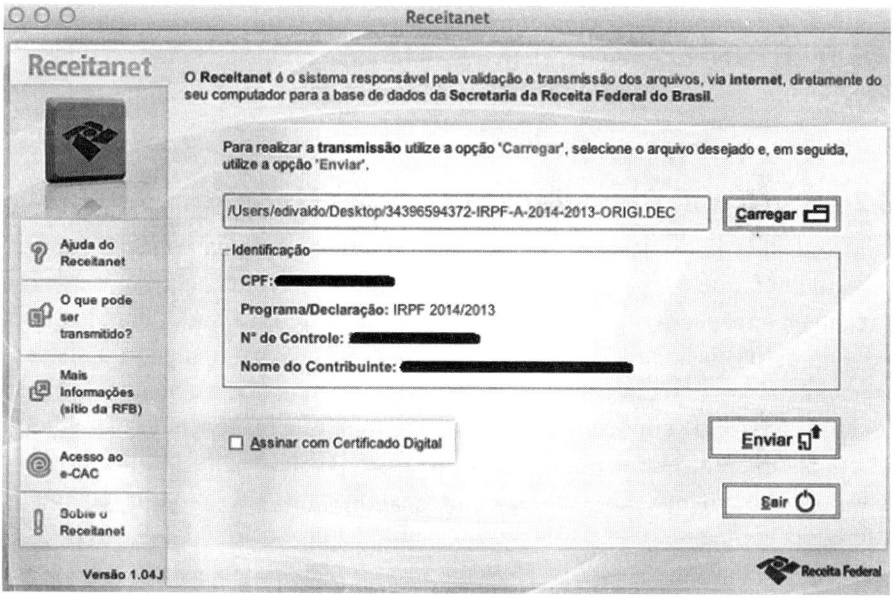

Figura 2.23 – Declaração de imposto de renda via Internet.

Fonte: Techtudo.

No modelo tradicional, existe um armazenamento proveniente da estrutura de dados onde se encontram as informações inseridas pelo contribuinte, além das alíquotas do imposto, e esse programa representa todo o conhecimento para que a declaração de imposto seja realizada de forma correta e efetiva. Nele existem comandos que trabalham para relacionar as informações dadas pelo contribuinte com as alíquotas e os cálculos necessários para realizar de forma completa e correta a declaração.

Já a abordagem do sistema especialista usa as informações que existem sobre o contribuinte e também sobre as alíquotas, além dos cálculos necessários, pois então ela trabalha para rearmazenar as estruturas de dados, mas exige um conhecimento que tem a função de descrever qual é o relacionamento entre ambas e como são armazenados os dados dentro da estrutura dos mesmos.

A programação existente no sistema especialista independe do conhecimento do domínio do problema, pois ela serve para tocar as estruturas de dados de forma independente da natureza que o problema apresentar. Já é importante dizer que a arquitetura geral dos sistemas especialistas compreende dois componentes principais: o primeiro é um conjunto onde existem dados e declarações que são totalmente dependentes do domínio do problema, que possui a nomenclatura de base de regras, além de um programa independente do domínio do problema, que é chamado de motor de inferência, com já visto neste livro.

2.28 Sistemas Especialistas e seus Usuários

São três tipos de usuários que trabalham no sistema especializado: o usuário final, que é a pessoa que irá, com o uso do sistema, auxiliar o mesmo a resolver o respectivo problema momentaneamente levantado; depois disso, existem os profissionais envolvidos na construção e manutenção do sistema especialista; um especialista no domínio do problema, que é o responsável por construir a base de conhecimento; e existe também a presença do engenheiro de conhecimento, que é o auxiliador do especialista na hora de representar todo o conhecimento possível que é necessário para determinar a técnica de inferência suficiente para a solução do problema proposto.

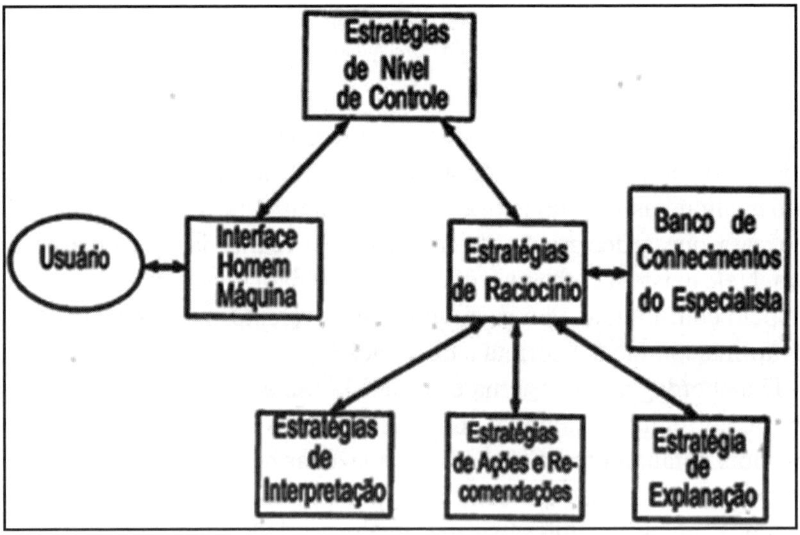

Figura 2.24 – O usuário operando o sistema especialista.

Fonte: aulasdelaise.blogspot

Já o motor de inferência pode ser descrito como um elemento fundamental na existência de um sistema especialista, pois ele é o núcleo do mesmo sistema e é ele que faz a intermediação dos fatos, regra e heurística, e que são componentes existentes dentro da base de conhecimento. Ele ainda aplica o fator humano mais o motor de inferência, na hora de resolver o problema Medir a capacidade do motor de inferência é basear-se em numa combinação de usabilidade de diversos raciocínios que são processados em nível progressivo ou regressivo.

O raciocínio progressivo possui as informações fornecidas para o sistema especialista que são originárias do usuário que acabam por estimular o processo de busca dentro da base de conhecimentos atrás de fatos que se aplicam de maneira mais correta possível em cada situação problema, trabalhando sempre neste sistema até encontrar uma solução para o problema que foi proposto.

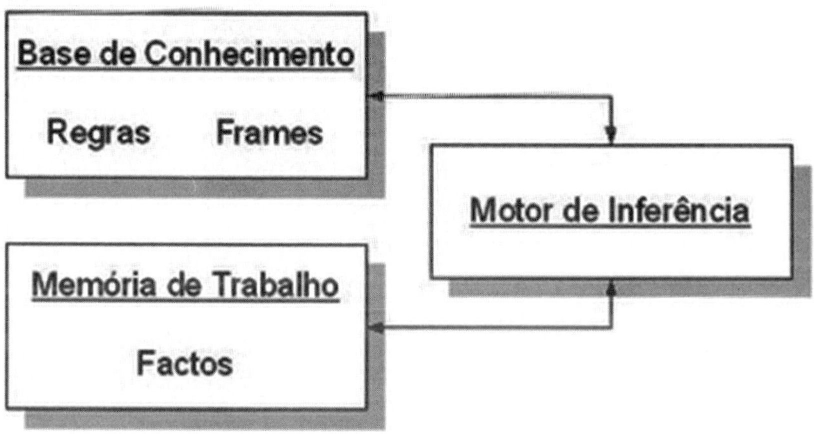

Figura 2.25 – Motor de inferência.
Fonte: slideplayer.com.br

Já o raciocínio regressivo funciona mostrando como os procedimentos devem trabalhar de maneira totalmente inversa, pois nesse modelo o sistema inicia seu trabalho a partir de uma opinião que seja conclusiva sobre o assunto. Interessante também citar que essa solução também pode ser apresentada pelo usuário e, a partir de então, este inicia uma pesquisa pelas informações através de regras e fatos existentes dentro da base de conhecimento, tentando provar qual conclusão é a mais adequada para a solução do mesmo.

A base de conhecimento, pode ser explicada como um elemento que possui a função de integrar as sub-bases de conhecimento onde existem as regras para refletir o conhecimento, como as necessidades de informações diretas e exatas, além da periodicidade, e que também trabalha com milhões de acessos que cada pessoa possui, que pode ser um ou mais de cada departamento de uma organização. Ele pode ser uma base de conhecimento de publicidade, gestão de pessoas, vendas, departamento jurídico etc., representar todas essas necessidades, pois as suas bases são implementadas pelo já citado engenheiro de conhecimento, que possui dentro dos sistemas especialistas a mesma importância que o analista de sistemas possui nos sistemas comuns.

A base de informações estratégicas também existe dentro do sistema, pois ela é criada pelo próprio sistema especialista através do emprego de diversos sistemas internos e externos à empresa no qual ele está sendo utilizado, pois ele permite a criação de inúmeros tipos de informação que alimentam o sistema especialista, e, se estiver conectado ao grande gerente, ele permite a atualização das alterações em suas fontes de informação.

Não pode deixar de ser citado que também devem existir bases de conhecimento independentes e nelas estão contidas regras gramaticais que irão permitir uma análise semântica a fim de entender as inúmeras solicitações de informações nos segmentos da empresas que acabam sendo definidas de maneira paralela pelos especialistas para se transformarem em resumos especializados, assim como as solicitações extras que existem durante o uso normal do programa.

2.30 Base de Conhecimento

A base de conhecimentos de um sistema consistirá no ato de integrar as demais sub-bases de conhecimento que estão sob a influência de regras que reflitam o que pode ser chamado de conhecimento, além das necessidades de informações e detalhes da periodicidade e também são criados os meios de acesso para cada usuário.

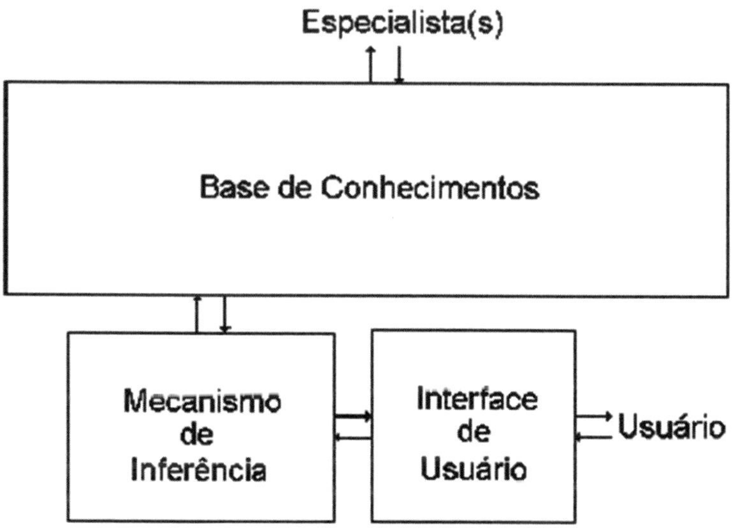

Figura 2.26 – Base de conhecimento.

Fonte: informaticamedica.org

Importante citar esse fato de forma empresarial porque é algo pouco comentado na literatura, como um exemplo à base de conhecimentos do setor de recursos humanos, do setor de publicidade, vendas, departamento contábil etc., pois cada profissional consegue acessar a área específica que está integrada na base de conhecimento, e dessa forma ela compõe a base total de regras existentes nos funcionários e especialistas que trabalham na mesma empresa e representa suas necessidades. Interessante também atentar para o fato de que essas bases são implementadas pelo profissional que trabalha como engenheiro do conhecimento, que é, como já dito, o analista de sistema dos sistemas especialistas.

Ele também é muito usado para a base de informações estratégicas construídas pelo próprio sistema especialista através do uso da integração com outros sistemas que estão de fora da instituição, pois isso permitirá a criação de cenários, visões, resumos que são fontes de informações que estão dentro do sistema especialista e que permitem ser atualizadas uma vez conectadas à Internet e sempre que existirem alterações significativas nas fontes de informação escolhidas.

Existe também a base de conhecimento que é independente. Ela é composta de regras gramaticais que vão permitir que o analisador semântico compreenda as inúmeras solicitações de informações que surgirem de cada segmento dentro da empresa em questão. A grande maioria delas é definida pelos especialistas e acaba sendo composta como resumo especializado. Ela também admite solicitações que são adicionais e ocorrem eventualmente por qualquer usuário do sistema dentro da empresa.

2.31 Regras para desenvolver um sistema especialista

Agora o leitor irá observar a questão teórica para o desenvolvimento de sistemas especialistas. Ela é feita de maneira genérica para poder ser trabalhada em qualquer tipo de aplicativos de sistemas especialistas dentro da área na inteligência artificial.

Primeiro passo: descobrir o problema

- Escolher um problema no qual o profissional especialista possui conhecimentos suficientes dentro do sistema.
- Escolher o problema que está resultando em um mau funcionamento para um grande número de pessoas ou funcionários.
- Escolher um problema não real para iniciar o primeiro projeto, ou seja, um sistema especialista.
- Estar em contato com um especialista na área para trabalhar juntamente com o profissional responsável pelo sistema.
- Questionar o especialista sobre do que se trata a taxa de precisão esperada do protocolo próprio do sistema.
- Trabalhar nessa questão de forma rápida através da abordagem interativa e ir testando conforme o programa vai sendo construído.

Segundo passo: a aquisição de conhecimentos

- Existe, então, a necessidade de realizar uma entrevista com o humano especialista. Antes de tudo isso, o responsável deve se preparar adquirindo conhecimentos e se familiarizando com o domínio.
- A primeira sessão de entrevistas com o humano especialista deve ser realizada em forma de uma aula com a intenção de introduzir o mesmo sobre o assunto inerente à ciência da inteligência artificial de forma geral.

- Utilizar a abordagem sistemática com a intenção de adquirir o conhecimento necessário para os sistemas.
- Adquirir os manuais e demais documentos existentes sobre o assunto com o qual está sendo montado o aplicativo.
- Se o especialista permitir, é muito aconselhável realizar gravações de áudio e vídeo dessas sessões onde o conhecimento é adquirido.

Terceiro passo: representando o conhecimento

- O conhecimento deve ser representado dentro do sistema em forma de scripts, semânticas, porém nesse existem regras e redes híbridas influentes.
- Utilizar o método de representação que tenha interface mais semelhante à maneira como o especialista humano pensa ou transmite seu saber.
- Levar em consideração se o fator da incerteza existe dentro do sistema que está sendo construído.
- Levar em consideração também a forma dos dados que podem ser orientados de dados ou de forma dirigida. É possível também trabalhar com esses dois tipos de dados ao mesmo tempo.

Quarto passo: momento de codificar o conhecimento

- A primeira coisa a ser determinada são as exigências que cada tarefa irá solicitar.
- Procurar desenvolver a base de conhecimentos de forma modular, pois isso facilita muito suas atualizações, uma vez, estando a máquina ligada na rede mundial de computadores, a Internet.
- É necessário adequar a interface do sistema para quem irá usar, mas a ação nunca deve deixar a base de conhecimento de lado, pois ela é a alma do sistema e a parte mais importante.
- Usar fatores interativos para criar o protótipo do sistema especialista.

Quinto passo: hora de prestar e avaliar o conhecimento

- Verificar a validação do protótipo levando em consideração a consistência existente na base de conhecimento e também outros fatores existentes neste local.

- Codificar a lógica em forma de um conjunto representativo e começar a testar o mesmo.
- Fazer funcionar o sistema especialista e incorporar elementos já documentados e realizar uma comparação dos resultados existentes no momento e os mais antigos. Ele deve ser feito com pessoas que não têm conhecimento sobre isso e com outros especialistas para que o teste seja completo.

Sexto passo: manutenção de implantação

- Iniciar o treinamento para os usuários a fim de que os mesmos possam trabalhar com o sistema.
- Criar documentação de qualidade sobre o sistema desenvolvido.
- A manutenção do sistema deve ficar na competência de uma pessoa ou um grupo de pessoas.
- Instruir com todos os detalhes dos responsáveis pela manutenção sobre a manutenção do sistema.

Capítulo 3

Robótica Industrial

Este capítulo tem a intenção de apresentar a robótica de uma maneira totalmente clara e mais simples possível. Não existem aqui demonstrações matemáticas, pois este livro é genérico e serve para atender ao público em geral, portanto, trata-se de um guia avançado, intermediário e inicial sobre as ciências existentes dentro do campo da inteligência artificial.

As características dos robôs serão apresentadas em nível prático e didático onde existem as aplicações, pois a intenção é tirar o título de complexo para esta ciência tão interessante para profissionais que atuam dentro ou fora da informática.

3.1 Origem

Desde a era da escrita com uniforme, o ser humano utiliza o que existe no meio natural para melhorar sua qualidade de vida, como otimizou lavrar a terra com o uso de animais, usando outros para proteger suas propriedades etc., além de produzir filhotes e crias para que pudessem ser trocadas por outros objetos, como era o caso dos suínos e bovinos.

Existem até hoje países que fazem transporte de mercadorias utilizando a tração animal, além de utilizá-los na agricultura, que está terminando com as tecnologias novas de automatização, mas que levam muitas pessoas ao desemprego.

Nos dias atuais, a competição entre indivíduos e empresas de todo o porte é imensamente maior e obrigam essas pessoas a não utilizarem animais e sim máquinas, adquiridas ou alugadas, para tombar a terra, semear e colher os frutos da lavoura. Então, pode ser observado que os robôs foram surgindo nas necessidades naturais e psicológicas dos seres humanos.

Atualmente, a robótica é um resultado de várias dependências e necessidade de se trabalhar ideias e suas origens são inúmeras, mas podem ser agrupadas e classificadas em três áreas:

- A imaginação, pois existe o ditado "Deus quer, o homem sonha e a obra nasce".
- A necessidade da automatização, que faz o indivíduo se livrar de uma carga muito grande de funcionários, pois a diminuição é de quase 100%.
- A experiência científica que trabalha com essa tecnologia aplicada a várias áreas.

Para que a descoberta seja mais exata, a imaginação deve ser considerada como um instrumento lúdico, porque ela resulta nas ideias que fervilham na mente humana até que o pesquisador consiga, neste ramo, criar algo que existe na natureza da forma mais perfeita possível. O fator histórico é abordado aqui através disso. Foram tomadas as medidas que resultaram na criação dos autômatos que podem ser vistos em museus tecnológicos e são considerados os antepassados diretos dos robôs.

Um fato muito interessante sobre os autômatos é que praticamente todos foram criados por mecânicos de precisão, principalmente os ourives, que também eram relojoeiros que criavam os mesmos para se auto-satisfazerem ou para o entretenimento dos monarcas e governantes reais.

É fato que neste meio é atribuído aos irmãos Jacquet e Dros a construção de diversos homens mecânicos que tocavam instrumentos enquanto se apresentavam. Ao mesmo tempo, na Inglaterra, foi construído no século XIX um tigre que dava sustos ao simularem ataques aos visitantes, mas são muito conhecidos os autômatos que se chamam o pato e o flautista.

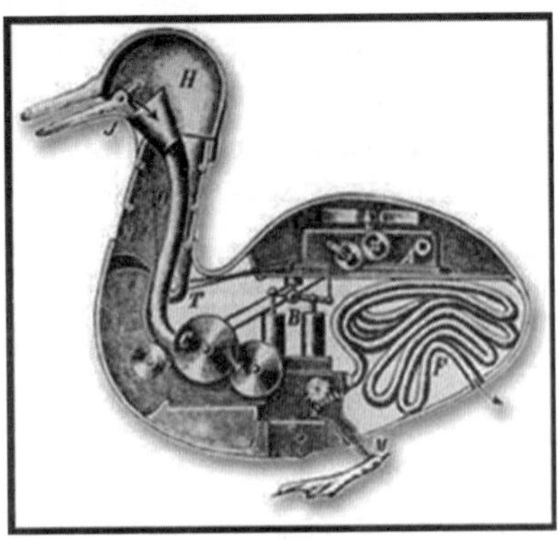

Figura 3.1 – O pato autômato

Fonte: esabot.blogspot.com

Na Espanha, o inventor Juanelo Turriano, que era o relojoeiro oficial de Carlos I, construiu um boneco de madeira que caminhava até o palácio do arcebispo e voltava para sua residência, e ele, nos caminhos, fazia inúmeras referências.

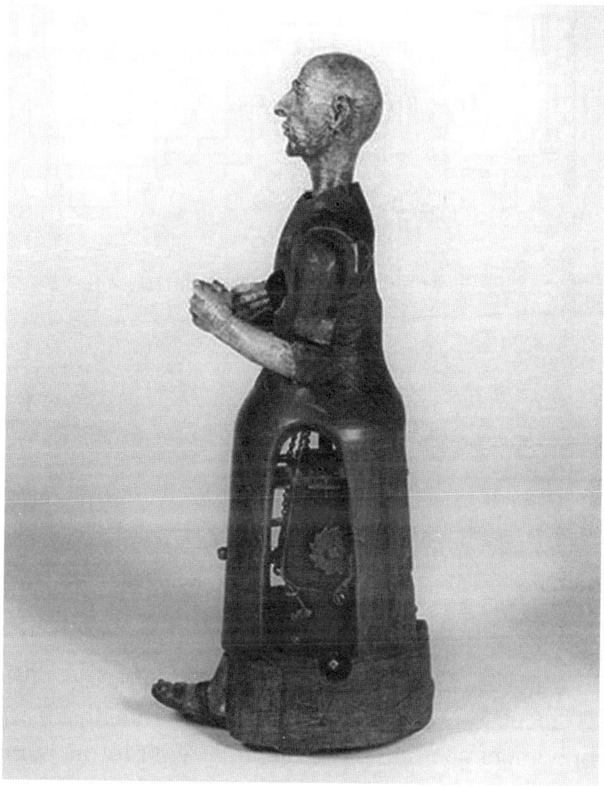

Figura 3.2 – Monge autômato de Juanelo Turriano.

Popularmente é possível dizer que até hoje a humanidade tem a ideia de que os robôs são máquinas que se comportam como seres humanos e é claro que a fonte dessa crendice são uns filmes de ficção científica que surgiram do impressionismo alemão na figura do mais famoso filme mudo de todos os tempos, que se chama "Metropolis".

Figura 3.3 – Cartaz do filme "Metropolis", do diretor Fritz Lang.

Incluindo o nome robô que também foi tirado dessas obras através do escritor Karel Capeek, que era um dramaturgo que trabalhava no teatro, nesta peça existia um homem que fabricava máquinas com forma humana para que servissem como trabalhadores escravos e as denominava robôs, em cujos ambiente e idioma natural significa trabalho escravo.

De forma geral, os leigos acreditam que os robôs são sempre máquinas de forma humanoide que copiam o comportamento humano, e, juntando isso com a busca da automatização, fundamentaram-se as seguintes técnicas básicas:

Estrutura mecânica, que são partes de corpos com articulação que atingiram muita importância na chegada da humanidade na era nuclear atribuída ao descobrimento da teoria da relatividade pelo pesquisador Henry Poincaré, o verdadeiro descobridor da teoria da relatividade.

Figura 3.4 – Henri Poincaré, o verdadeiro responsável pela teoria da relatividade que foi, posteriormente, pilhada por Albert Einstein e seus cúmplices políticos e bancários.

Importante também foi o controle dos movimentos criado da mesma forma que as máquinas e ferramentas de controle numérico cujo funcionamento integrava sistemas mecânicos como teares a partir de fitas perfuradas, cintas de papel e a teoria do servocontrole, uma novidade na época. Juntou-se, então, a experimentação cientifica e os robôs surgiram.

3.2 Classificando os robôs industriais

Genericamente, o nome "robô" é utilizado para descrever toda a máquina que possui capacidade de trabalhar como o ser humano, e os robôs são divididos em três tipos.

Robôs Industriais: os que operam nas indústrias as ações de operação de ferramentas, como sempre pode ser visto em indústrias de automóveis.

Figura 3.5 – Robôs Industriais.
Fonte: portuguese.alibaba.com

Essas máquinas são responsáveis por fazerem serviços brutos e perigosos para a proteção dos funcionários restantes, pois a tecnologia ciberneticística, da mesma forma que qualquer sistema e automação, gera desemprego em massa.

Robôs Médicos: recebem essa nomenclatura equipamentos cirúrgicos modernos e as próteses em seres humanos que possuem motores e funcionam de forma autônoma e possuem reflexo.

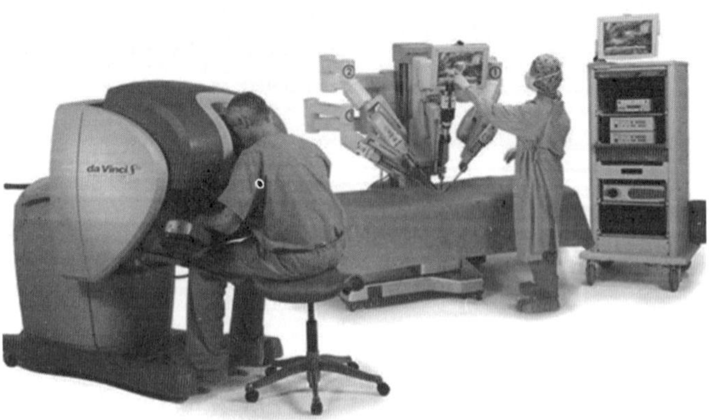

Figura 3.6 Automação médica
Fonte: revistapanoramahospitalar.com.br

Robôs móveis: são máquinas que se movimentam do lugar sem nenhuma interação humana; elas hoje correm, descem e sobem escadas, são empurradas, mas continuam de pé.

Existem robôs de todos os tipos, que substituem o homem em tarefas difíceis, como a busca e varredura de minas em locais de guerra, desarmamento de bombas, robôs submarinos, espaciais, de minério etc.

Figura 3.7 – Desarmando bombas.

Fonte: tecmundo.com.br.

O manipulador manual é a máquina que realiza as ações e os movimentos através do uso do homem, que é fundamental para seu funcionamento. As funções dos mesmos são diversas e ele está presente em empresas e indússtrias em diversos tamanhos.

Figura 3.8 – Manipulador manual.
Fonte: Anzeve.com

Existe também o manipulador sequencial e sua característica principal se baseia no fato de realizar uma sequência através do deslocamento, com a utilização de amortecedores. Nele estão os servocontroles, que são de dois tipos.

O primeiro é conhecido como sequência fixa, quando o mesmo está fixado na construção e fabricação, sendo, neste caso, seu controle inacessível pelo homem.

O outro tipo de robô sequencial é o de sequência variável, pois permite em seu hardware a troca de dispositivos. Ele altera a sequência de movimentos com a intenção de adaptar o mesmo robô para diversas outras utilidades.

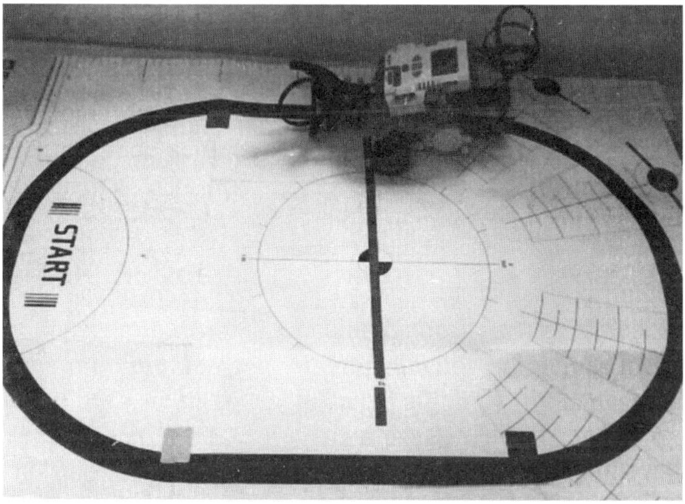

Figura 3.9 – Robô fazendo o reconhecimento de cores.

Fonte: comp.mch.ifsuldeminas

E existem nas indústrias os robôs que são classificados como de utilidades. Estão prontos para serem ensinados em seus movimentos, o que é realizado manualmente através da inserção da trajetória que o mesmo deve realizar. Para isso, ele deve compreender todos os passos da trajetória; também possui servocontroles.

Figura 3.10 – Robôs de utilidades

Fonte: portuguese.alibaba.com

Já os robôs de controle numérico são aqueles que são inseridos sobre alguns pontos de tarefa, que gera, através da inteligência artificial, trajetórias diversas e diferentes.

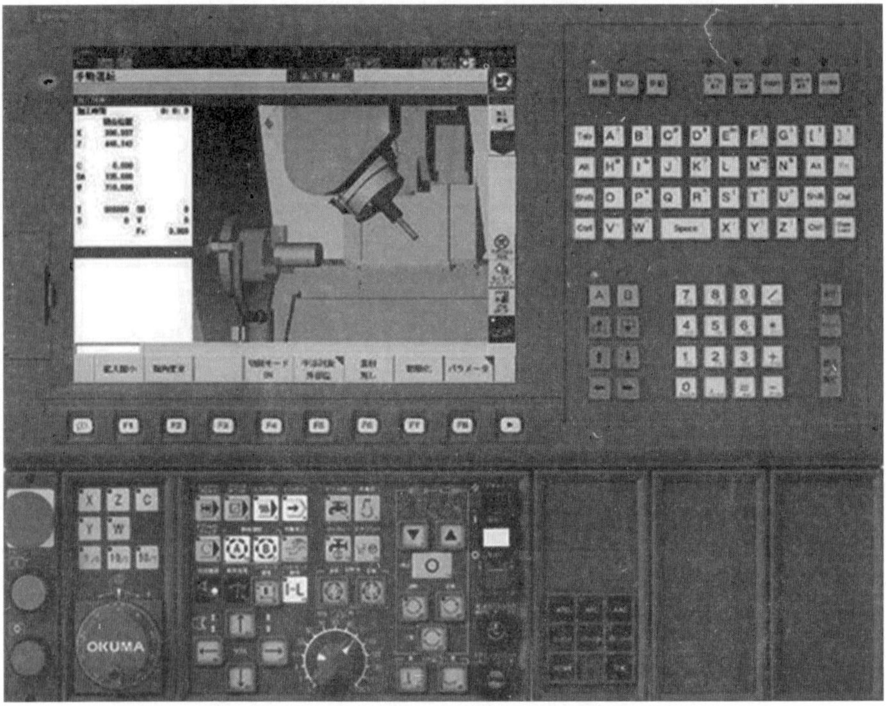

Figura 3.11 – Robô de controle numérico
Fonte: solucoesindustriais.com.br

O robô industrial inteligente, que possui funções que possibilitam a percepção do trabalho que está ocorrendo a sua volta e que pode mudar sua atuação baseado na situação momentânea, possui sensores-sentidos e um considerável poder de inteligência artificial.

3.3 Estrutura de um robô industrial

Geralmente um computador industrial é constituído de:

- Uma estrutura mecânica, também conhecida como manipulador;
- Uma fonte de energia específica;

- Um elemento de controle;
- Um elemento terminal.

Nesse caso, o manipulador se encarrega dos movimentos e das ações; ele é a parte que possui mais elementos robóticos, pois tem a aparência de um braço humano gigante.

A fonte de energia possui as características de fornecer a exata energia ou potência necessária e determinada pelos controladores de sua estrutura.

Já o controlador possui a função de realizar os movimentos na fase da instrução e na de execução; ele também se encarrega de armazenar procedimentos e normas, e interage com o mundo exterior. Isso se deve ao fato de que seus controladores inteligentes criam uma comunicação de melhor qualidade, com sentidos e inteligência artificial. Um robô industrial, em sua produção, solicita tecnologias que somam à inteligência artificial:

- Inteligência artificial;
- Sons e ruídos de máquinas;
- Mecânica;
- Matemática;
- Cinemática;
- Visão artificial;
- Dinâmica;
- Informática;
- Sensores diversos;
- Hidráulica;
- Eletrônica;
- Pneumática;
- Automática;
- Eletricidade.

Existem esses robôs no mercado de menor tamanho que são utilizados em estabelecimentos de ensino, pois possuem o preço reduzido. Eles têm estrutura e características muito próximas às dos robôs industriais de grande porte e são usados para cursos técnicos e de graduação. São extremamente eficazes e fáceis de lidar.

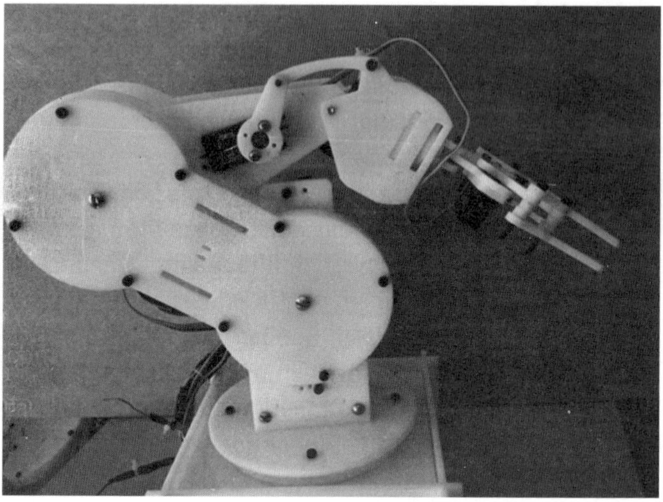

Figura 3.12 – Braço robótico para ensino.
Fonte: Internet.

Um braço robótico para a educação com servocontrole custa, aproximadamente, cem dólares. Ele chega a realizar seis funções e pode ser adquirido em sites de leilões novos e usados.

3.4 Componentes do Manipulador

Como dito anteriormente, a estrutura mecânica de um robô industrial é construída de diversos componentes físicos, que são unidos para serem móveis, normalmente conhecidos por articulações. O robô industrial é preso na base e ela pode ser fixa ou móvel. Essa base liga o robô industrial a um veiculo de transporte interno, ou fixa no chão, no teto e na parede.

Quando da necessidade de ele ser móvel, pode possuir rodas, esteiras, trilhos ou pés.

Todo o restante dos corpos que formam juntos o manipulador nunca deve ser considerado independente, mas um conjunto articulado, e as articulações na robótica industrial são de dois tipos: as giratórias e as prismáticas. Cada uma necessita apenas de um parâmetro, ângulo ou deslocamento na unificação.

O parâmetro nada mais é do que a liberdade, que nos robôs industriais dizem o número de articulações. Agora, nas máquinas modernas elas são do tipo giratório e denominadas eixos.

O ato de estudar o conjunto de elementos e a disposição e as articulações de um manipulador recebe o nome de cadeia cinemática. A função dessas estruturas é dupla, que é a de posicionar e orientar o elemento final ou terminal dentro do espaço e a ferramenta que está sendo transportada.

Ambas as funções são utilizadas ao mesmo tempo, por ordem ou programação humana, e elas partem de focos distintos do manipulador. Para dar um exemplo, o posicionamento de um robô industrial de seis graus de liberdade é definido pelos três primeiros eixos, e sua orientação depende dos três últimos eixos.

Figura 3.13 – Eixos e manipuladores.
Fonte: controleeautomacaoindustrial.blogspot.com

Neste ponto é importante citar que existem cinco tipos de estruturas de posicionamento dentro do espaço que ele ocupa.

- **Estrutura cartesiana:** possui três articulações prismáticas e realiza duas movimentações: a normal, o pórtico e a com base em um só corpo;

- **Estrutura cilíndrica:** onde a primeira articulação se unifica com a base e sua estrutura, seu movimento simplesmente o de rotação com duas estruturas prismáticas;
- **Estrutura esférica:** possui as duas primeiras articulações giratórias e também uma terceira, de característica prismática;
- **Estrutura angular:** possui três articulações giratórias;
- **Estrutura Scara:** inventada em 1981, ela não se posiciona no espaço, mas no plano, possui três eixos que giram e são paralelos. Além disso, ela pode também se movimentar verticalmente.

O elemento terminal, também conhecido como munheca, fica no extremo do antebraço e é fixado em um conjunto de eixos. Ele trabalha com sistemas de coordenadas, usa três ângulos de giros e três eixos de um sistema cartesiano, balanceio, cabeceio e giro.

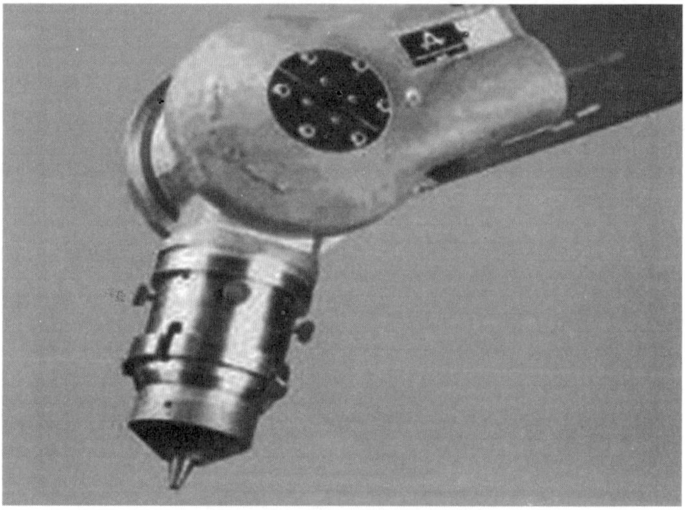

Figura 3.14 – Elemento terminal.
Fonte: platea.pntic.mec.es

Para atender a movimentos e orientações, é necessário que a munheca possa realizar três ângulos que giram ao redor de três eixos de um sistema exato cartesiano, mas existem munhecas com dois eixos, o que não é o indicado, pois não alcançam certas combinações posição-orientação.

Munhecas de robôs industriais possuem dois ou três eixos. A que possui dois realiza as funções de balanceio e giro e podem ter um motor para cada um, mas existem a opção por articulação diferencial, onde o cabeceio surge através do movimento e no sentido dos acionadores.

A utilização da munheca de três eixos, sendo as mais importantes as das empresas Stanford, Cincinnati, Renault, IBM, é a chamada tromba de elefante, que possibilita as orientações, mas não consegue fazer de maneira completa a posição do extremo.

O uso do robô se vale de seu elemento terminal, pois é a tarefa que o robô irá realizar.

3.5 Controle dos Movimentos Robóticos

O termo "mecatrônica", surgido no Japão, é baseado na robótica industrial. Isso se deve ao fato da junção da mecânica com a eletrônica na criação dos microprocessadores que abriram o leque para pesquisas neste campo.

Esses microprocessadores levaram para a robótica industrial os avanços na criação de componentes físicos e lógicos oriundos de hardware e de programação, sendo o núcleo desta a integração das novas tecnologias, sempre na tentativa e busca da integração da eletrônica, computação e programação, e seus princípios são a base dos controles de movimentos focados na execução, e isso cria nomenclatura dos controladores, onde devem conter três temas.

- Motorização;
- Controle;
- Programação.

A motorização trata dos órgãos de produção de todos os movimentos e os restantes são responsáveis das funções e dos controles.

Uma característica da robótica industrial é de cada estrutura mecânica as articulações e demais componentes são de vários tipos como:

- Qual o tipo de energia utilizada?
- Qual o tipo de acionadores ou motores?
- Os órgãos redutores.
- Os órgãos transmissores.

3.6 Fontes de Energia

Existem vários tipos de fontes de energia, e os órgãos motores consomem o que existe na fábrica. Existe sempre a necessidade de ocorrer uma conversão, que somente não é necessária caso a mesma seja utilizada no local, indique a corrente alternada, criada por Nicola Tesla, mas ocorre em alguns casos a presença de ar comprimido.

Energia pneumática, onde se emprega a instalação de ar comprimido na fábrica ou na aquisição de um motor pneumático. Existe também a energia hidráulica, onde o próprio robô industrial é capaz de produzi-la, fazendo uso, para isso, das instalações elétricas da fábrica. E há a fonte elétrica, onde a mesma é utilizada de forma direta.

Existem também os órgãos motores, que sempre podem ser agrupados conforme a energia que os mesmos recebem.

Nesse momento, é importante falar sobre os acionadores pneumáticos que possuem as desvantagens de serem imprecisos, pois fazem uso de servo-controles.

Figura 3.15 – Atuador pneumático.
Fonte: éelan.ind.br

Eles possuem suas aplicações quase sempre nos apreensores e nas garras, pois são quase todos com duas posições, aberta ou fechada; isso é uma regra quase geral, pois trata-se de uma unanimidade.

Importante citar que eles utilizam com mais frequência a tecnologia pneumática.

Existem também os acionadores hidráulicos, que trabalham sempre em linha reta, e os motores que atuam em giro no braço na medida ideal entre peso e potência.

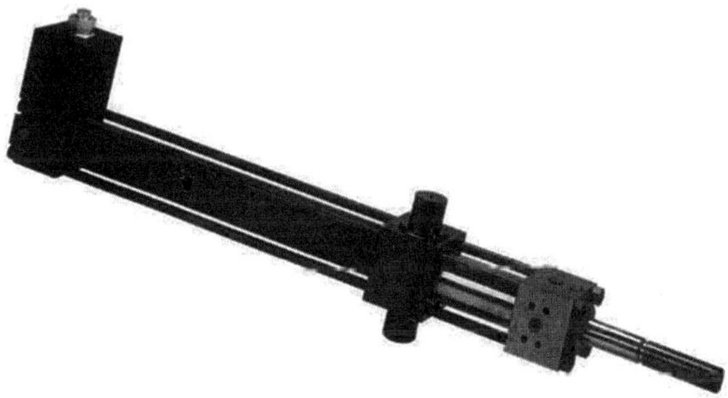

Figura 3.16 – Acionador hidráulico.
Fonte: mecanicaindustrial.com.br

Esse tipo de tecnologia é muito difundida e utilizada em robôs industriais que atuam com carga acima de cem quilos, mas eles possuem três desvantagens:

- A sujeira resultante do uso do óleo e a brigação de inúmeras filtragens resultam em prejuízos;
- A tecnologia dos mesmos é extremamente diferente se comparada à elétrica e eletrônica;
- Sua manutenção é onerosa e difícil.

Já os motores elétricos são utilizados de três tipos:

- De passo a passo;
- De corrente continua;
- De corrente alternada.

Os motores de passo a passo utilizam um tipo sequencial das tensões enquanto controladas, que trabalham fornecendo ou não os polos de seu indutor. Esse tipo de equipamento gira em seu próprio eixo em um número determinado de graus.

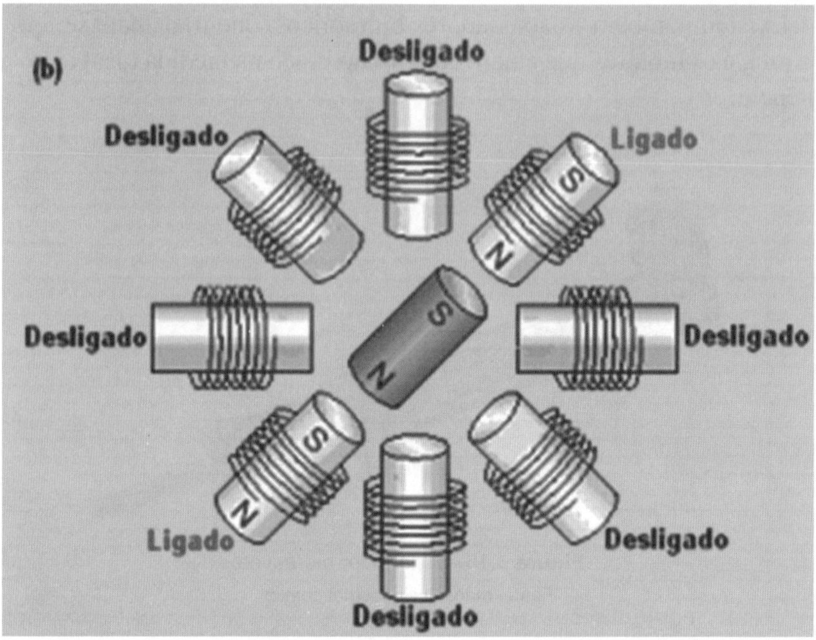

Figura 3.17 – Motor passo a passo.
Fonte: feiradeciencias.com.br

3.7 Órgãos Redutores

A potência necessária de que uma grande maioria dos acionadores precisa ter para mover o corpo do Robô Industrial no eixo do motor, os acionadores não possuem noção prévia sobre o trabalho que realizarão, e o motor trabalha em uma velocidade maior do que seu corpo teria condições em alguns casos, por isso, ele executa este trabalho conectando ambos por meio de um dispositivo que amplia a potência da saída com a finalidade de reduzir a velocidade gerada, e esses redutores são:

- Jogos de engrenagens: elementos cuja construção contém um jogo de eixos e rodas dentadas de várias quantidades de dentes, o que resulta em rodagens diferentes para cada conexão; isto tem a intenção de fazer com que velocidades sejam geradas.

Figura 3.18 – Redutor
Fonte: feiradecialiexpress

3.8 Harmonic Drive

Trata-se de um dispositivo que possui em sua formação um disco elipsoidal quase sempre unido diretamente ao eixo do motor do dispositivo robótico. Como característica, ele possui uma superfície cilíndrica que é dentada e flexível exteriormente, que não fixa, apenas rodeia o disco, e sua superfície cilíndrica exterior fixa no corpo. O cilindro interior possui um ou dois dentes a menos que a exterior e ficam em contato somente nos extremos de diâmetro, que pode ser descrito como o eixo maior da elipse, onde se encontra uma quantidade grande de dentes. Ao girar, o contato faz o mesmo, em uma volta, o cilindro exterior gira um ou dois dentes, o que resulta em uma grande diferença pela velocidade de rolagem. Trata-se de um sistema muito robusto e de tamanho reduzido e isso faz muita diferença, mas o ônus é alto.

Figura 3.19 – Harmonic Drive.

Fonte: hqdefalt

3.9 Órgãos Transmissores

São duas alternativas para colocar os motores.

A primeira é a colocação do mesmo junto da articulação onde ele atua; isso aumenta muito o peso dos últimos corpos e retorna aumentada a potência dos motores.

A segunda é situar os motores muito próximos da base do braço robótico; este modo oferece a característica de utilizar motores menos potentes nas articulações de base, utilizando dispositivos transmissores que movimentam e alcançam pontos mais longos.

3.10 Controle

Falar de controle na robótica industrial é afirmar que o mesmo possui quatro funções:

- Realizar o comando de movimentos determinados por sequência definida de maneira prévia;
- Fazer o armazenamento de ordens e posições;
- Ter um relacionamento coerente com o que existe em volta dele;
- Autovigiar seu próprio funcionamento.

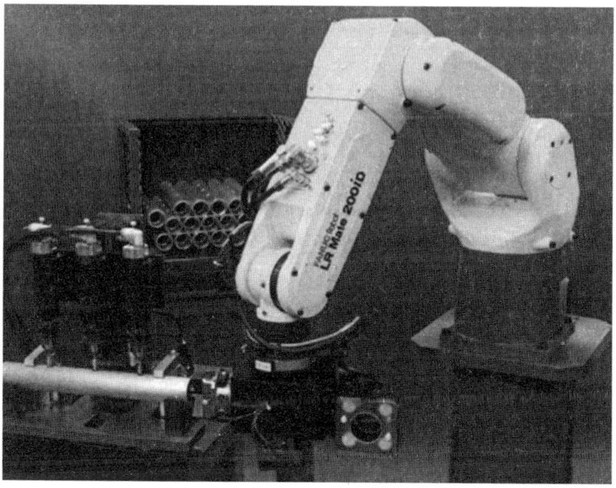

Figura 3.20 – Controle.

Fonte: irfsedu.br

Importante citar que a realização das funções acarreta, através de uma série de tarefas que são executadas pelos dispositivos correspondentes:

- Gerar e realizar o controle de movimentos;
- Execução dos programas;
- Relacionamento com o exterior, através de suas adaptações dos sensores;
- Autocomprovação.

Figura 3.21 – Movimentos em seu meio ambiente.

Fonte: Kuka.robos.industriais

3.11 Robótica com e sem o uso de Servocontrole

Como é dito, o robô atua para que o controle influencie cada eixo do manipulador, portanto, pode-se classificar o robô industrial em dois tipos, com servoconrole e sem o servocontrole.

Os robôs sem servocontrole nos eixos possuem um significado no tocante ao movimento que realiza, geralmente baseado em duas posições fixas sem absolutamente nenhuma posição intermediária. Ele se chama manipulador e suas características são:

- Seu elemento terminal somente alcança um conjunto finito e com poucas posições;
- As posições que ele alcança são pré-definidas pela implantação dos amortecedores finais;
- Fazem uso de energia pneumática;
- São extremamente rápidos devido às ações dos amortecedores pneumáticos;
- Não possuem condição de coordenar movimentos existentes em seus eixos;
- Seu sistema de controle é extremamente simples.

Figura 3.22 – Robô manipulador sem servocontrole.

Fonte: vivacyti.com.br

Já nos robôs que possuem servocontrole todos os principais eixos são servocontrolados, e de acordo com sua precisão um de seus eixos pode alcançar todas e qualquer tipo de posição mediana entre as duas extremidades posicionais. Eles possuem mais alcances, além disso, seus acionadores podem ser hidráulicos e elétricos, e, no tocante ao controle, dependem de um computador ou um sistema de paralelismo de multiprocessadores.

Figura 3.23 – Robô com servocontrole.
Fonte: robotsystem.com.br

3.12 Controle e Posicionamento de Um Eixo

Deve-se citar com certeza que a estrutura mais utilizada para controlar a posição de um eixo é em eixos elétricos com corrente contínua, onde existe um acoplamento junto ao motor que possua freio, tacômetro e de um codificador, sendo que cada um realizando suas funções, o eixo, é o primeiro a realizar uma fixação em um ponto, o segundo, gera e acompanha a velocidade, e o último, por sua vez, avalia a posição exata de um eixo do motor.

Já em outro nível, o controle é realizado em dois níveis baseados na intensidade, portanto, o nível de dentro é encarregado da regulação da velocidade do giro do motor Assegurando que o mesmo esteja em uma velocidade do giro do motor, esse controle funciona na base interior, onde se encarrega de regular a velocidade do giro do motor, cuja função é a de garantir que o conversor digital mostre a velocidade de movimento do motor para o regulador. Este, por sua vez, elimina a diferença existente entre a posição alcançada e a desejada. As ordens do regulador chegam ao amplificador, cuja missão é alimentar o motor de forma proporcional à ordem desejada.

No tocante ao fato desses níveis de controle, no assunto da implementação eletrônica, existem três soluções que devem ser levadas em consideração.

Analógica: atua quando o regulador e o controlador fazem a parte eletrônica toda analógica; esses já são antigos.

Digital: atua onde o regulador e o controlador trabalham em conjunto no meio digital, que se baseia em um único processador ou em vários microprocessadores; este já é usado em todos os robôs industriais com essas características.

Mista: o regulador funciona baseado na tecnologia analógica, e ele também pode ter um amplificador; seu controle de posição fica a cargo de um sistema de microprocessador, onde estratégias de controles muito mais potentes e criadas para o problema são formadas.

CAPÍTULO 4

A CIÊNCIA DA INTELIGÊNCIA ARTIFICIAL NA MEDICINA

Uma visão geral sobre a tecnologia recém-inventada para uso medicinal faz com que o autor afirme que, em vinte e cinco anos, o ser humano poderá comemorar seu milésimo aniversário. Acrescidos a esse tempo mais dez anos, o ser humano alcançará a imortalidade, também sem sofrer os efeitos do envelhecimento, um fato que deixa o autor muito perplexo, pois isso envolve a antropologia e também a teologia.

Que fique claro que o conteúdo deste perturbador capítulo não causa, em sua grande maioria, tranquilidade ou vitórias a serem comemoradas, pois o mesmo autor não compartilha de muitas dessas tecnologias como algo benéfico e positivo, mas vai do interesse e valores unitários e não se aplica a uma regra geral.

4.1 A Tecnologia Médica na Busca da Imortalidade

O homem sempre lutou para voltar a ser imortal sem sofrer os efeitos do envelhecimento, que, sinceramente, é apavorante, pois todos os seres vivos temem o desconhecido, e, por incrível que pareça, as pessoas que poderão viver pelos próximos mil anos já podem ter nascido.

Existe uma grande probabilidade de que várias pessoas que estão vivas hoje consigam viver até mil anos, mas como o ser humano pode ser mortal para ser imortal?

Desde o nascimento, os humanos caminham para o envelhecimento e morte de seus corpos físicos. Neste capítulo será explorado o fato da união de várias pesquisas médico-tecnológicas diferentes que possuem o mesmo assunto, como as que estão criando órgãos humanos, a clonagem de seres, construção de nano-robôs para agirem como anticorpos em nossa circulação sanguínea, úteros artificiais etc.

Este capítulo visa estudar essas pesquisas como um todo e como isso pode significar a vida eterna como direito de todas as pessoas.

Chega-se, então, a um paradoxo científico, pois os seres humanos, em todo mundo, possuem seus dogmas e valores, então existem questionamentos.

No mês de abril do ano de 2008, propositalmente, para ganhar notoriedade, documentos, até então "secretos", vazaram para a imprensa de todo o planeta, com algo bem inusitado, que dizia que o governo dos Estados Unidos da América realizava uma operação que de secreta não tinha nada. Eles recolhiam o DNA, ou ácido desoxirribonucleico, de todos os recém-nascidos sem absolutamente nenhuma necessidade de conhecimento de seus pais. Até aí, sem problemas visíveis, os pais querriam receber a notícia de que seus filhos nasceram com saúde e nem se lembram do cordão umbilical. Tudo ocorreu faz um tempo, mas a Lei foi declarada no dia 24 de abril do ano de 2008 pelo presidente da época, e esta ação foi batizada na Imprensa com o nome de examinação de bebês em sua origem.

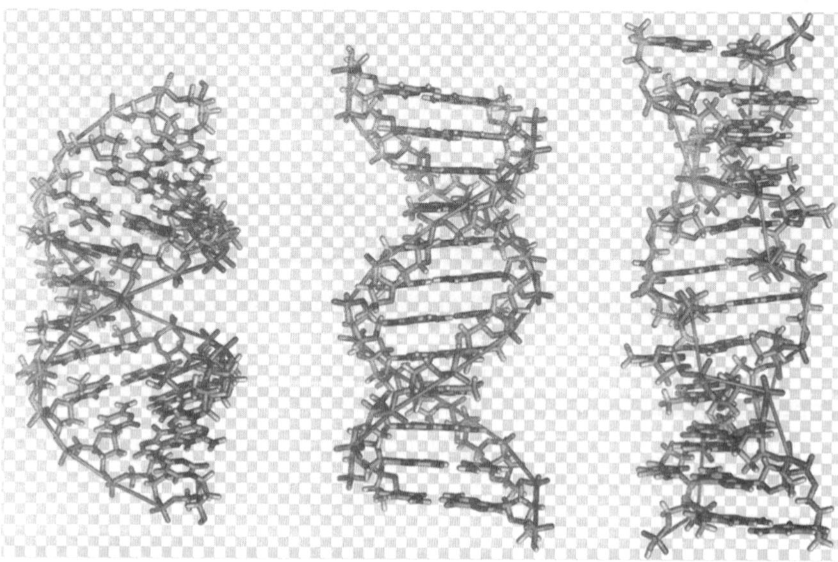

Figura 4.1 – DNA.
Fonte: Internet

Um importante elemento desse plano tem por base a extração de sangue dos bebês sem absolutamente nenhum conhecimento de seus pais, e alojamento dos mesmos em bancos biológicos, que lá são conhecidos como biobanks.

Figura 4.2 – Biobanks.
Fonte: Fromquarkstoquasars

Este projeto serve de base para demais projetos médicos que serão tratados neste capítulo.

Nos continentes americano e europeu, existe uma odiosa batalha para a legalização do aborto, originária do terceiro movimento feminista, mas as intenções são encapsuladas por essas pessoas. Na verdade, cada embrião humano abortado vale trinta mil dólares na indústria farmacêutica ou cosmética, portanto, essas pessoas que controlam o terceiro movimento feminista surgido nos inícios da década de 1990 possuem a intenção de viver sem trabalhar sobrevivendo fazendo dois abortos por ano. Alegam elas que são donas de seu próprio corpo. Pois bem, se esta obra se encontra nas suas mãos nesse momento, vá em frente ao espelho e faça a cor da sua pele ficar azul, ou aumente 40 centímetros em sua altura, o autor está no aguardo. Até então, a Lei de Deus é clara, e a desta nação também.

Voltando ao assunto, o recolhimento de sangue e de DNA pode vir de células- tronco que se encontram no líquido amniótico ou do cordão umbilical, mas nada é dito na imprensa em todo o mundo. O mercado do aborto legalizado em todo mundo é o 17º ramo mais lucrativo do mundo e cada médico ganha quinhentos dólares por cada aborto realizado.

Na obrigação de ser imparcial, menos na questão do infanticídio, os governos de inúmeros países fazem isso, e eles realizam essas ações como uma medida de segurança, pois, de fato, podem combater doenças de todos os tipos, inclusive as raras. Faz poucas semanas que o mal de Alzheimer foi revertido em uma pesquisa ética e de ponta e existem fatores de grande beneficio, mas as pessoas de todo o mundo devem conhecer a verdade do que está sendo noticiado e também o que está mal explicado.

Este programa existe baseado em uma Lei que possibilita que o DNA da pessoa pode ser usado para evitar defeitos genéticos de nascimento, mas tudo é propriedade do governo.

Por que o governo precisa criar um banco deste tipo e tornar obrigatória essa forma de aquisição de DNA dos seus cidadãos? Uma teoria poderia ter sido usada para combater doenças e defender a tese de que isso ajuda a monitorar a saúde dos indivíduos diagnosticados com defeitos genéticos ao nascer. O lado mais sombrio deste procedimento afirma que o nosso DNA é propriedade do governo. No futuro este DNA será usado em pesquisas genéticas governamentais, um fato óbvio.

Neste mesmo capítulo, na figura 4.12 existe um mecanismo robótico que busca no banco os DNAs de todas as pessoas, pois todas sonham em alcançar a vida eterna, e fracionando os DNAs pode-se construir o mesmo de qualquer forma.

Os avanços no desenvolvimento de medicamentos e cirurgias duplicaram as possibilidades de quem quer viver um século e, se esta tendência continuar, a imortalidade é uma grande possibilidade. Em teoria, um banco biogenético poderia dar ao governo mais uma peça para montar o quebra-cabeça da imortalidade. Mas quanto tempo o homem pode realmente viver? E qual o papel da tecnologia nisso?

Voltando a falar de forma antropológica e teológica, raros são os casos de pessoas que vivem mais de 120 anos. Existem indivíduos que alcançam o limite teologicamente definido de que o homem deverá viver até os 120 anos. De fato, existem pessoas de ambos os sexos que alcançam e ultrapassam esse limite e nessas pessoas é necessário observar que os efeitos do envelhecimento são muito severos e que influenciam muito a qualidade de vida em sua plenitude, criando assim os supercentenários, mas sem que eles sofram os efeitos do envelhecimento. Alguns dizem que a idade de 110 anos pode ser a infância em tempos próximos e talvez as pessoas possam viver até mil anos de idade.

Viver indefinidamente é um dos grandes objetivos da humanidade, quando cada pessoa reconhece realmente que a morte seria simplesmente uma opção, pois para a humanidade a morte é uma grande perda e este é um problema a ser resolvido em um futuro próximo. A morte é a barreira para a imortalidade, pois, no momento em que o homem nasce, ele começa a morrer, cada respiração e cada batida do coração os aproximam do fim. Mas é realmente possível viver para sempre? Pesquisadores criaram uma lista de etapas para alcançar a imortalidade:

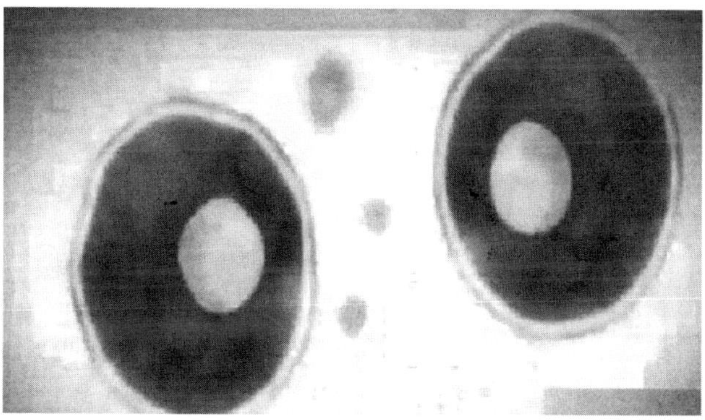

Figura 4.3 – Gerando células

Fonte: Google Images.

Nada no corpo humano possui mais de cinco anos, pois as células vão se substituindo; essa é a função que faz o homem envelhecer.

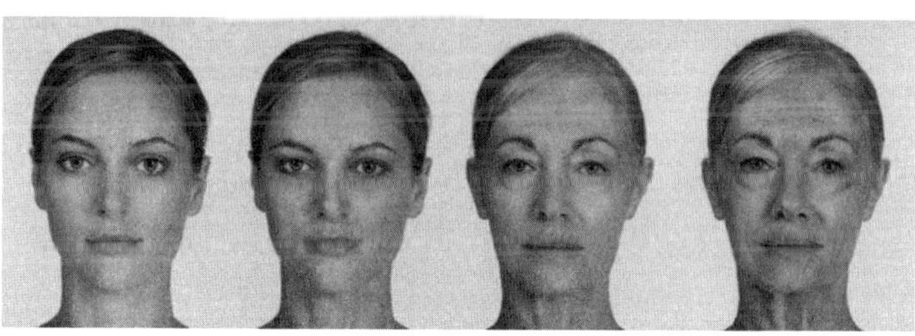

Figura 4.4 – Envelhecimento

Fonte: nature.com.br

Mas esse procedimento possui a função de envelhecer, pois toda a vez que uma célula é substituída ela possui um defeitinho a mais. Para comparar, é fácil lembrar dos aparelhos analógicos de VHS. Copiava-se uma fita original para uma cópia, ela ficava gravada com o mesmo conteúdo, mas com pior qualidade, e se pegasse a cópia e dela se fizesse a cópia da cópia, o resultado era uma segunda cópia com piores defeitos do que a segunda que a originou, e isso se repetia até que a última cópia ficasse totalmente cinza.

Equipamentos de última geração geram hoje células em cópia exata e as multiplicam na escala necessária.

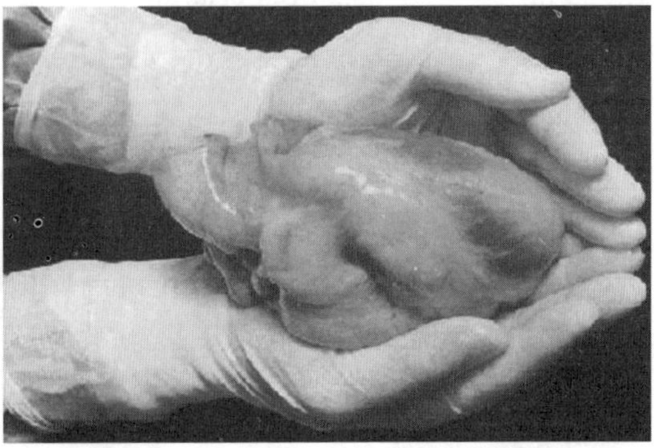

Figura 4.5 – Coração criado com o cultivo das células do próprio indivíduo.
Fonte: evolucaomedicina.blogspot.com.

Esta entidade também trabalha para transformar as células sanguíneas para que não se desintegrem.

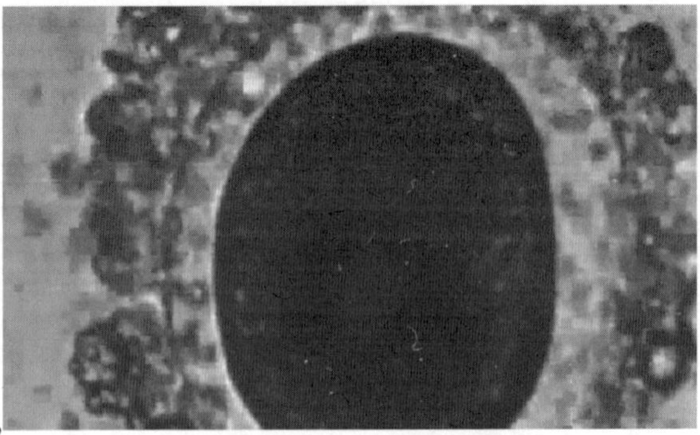

Figura 4.6 – Célula sanguínea
Fonte: Google Images.

4.2 Nanorobótica Medicinal

Foi o grande pesquisador Richard Pillips Feynman quem atentou pela primeira vez a respeito do infinito maior e o infinito menor. Esse excêntrico pesquisador quc muito ajudou a ciência brasileira disse que o maior é infinito, mas o menor também deve ser estudado da mesma forma.

Figura 4.7 – Dr Feynman

Fonte: Google Images.

Claro que isso foi levado a sério e a nanorobótica agora transforma suas pesquisas em minúsculos robôs dentro das veias das pessoas.

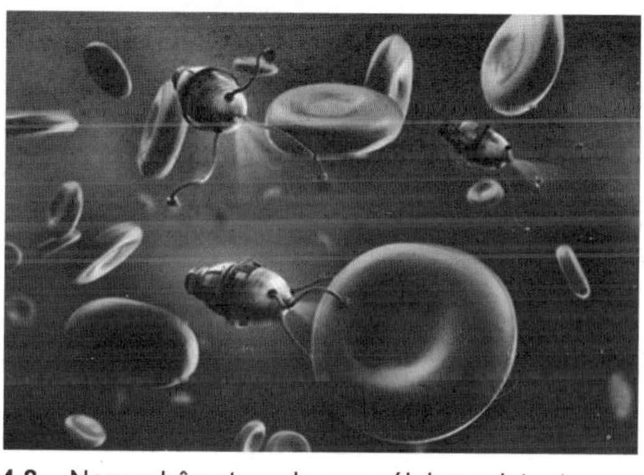

Figura 4.8 – Nanorobôs atuando nas células existentes no sangue

Fonte: Google Images.

Esses robôs são minúsculos e servirão para atacar as doenças que existem no sangue; eles trabalham na leitura das células e, encontrando outras células que podem representar perigo, são atacadas. Isso vale para todos os tipos e para doenças como a leucemia e o HIV, pois atacam o sangue com muitas outras doenças graves, crônicas ou mortais.

4.3 O Que é Nanorobótica

É fato que nesta obra vão ser citados muitos filmes, pois, como disse Dr. José da Luz Ribeiro Ruivo da Silva, Deus quer, o homem sonha e a obra nasce! E foi produzida há algumas décadas a obra "A Viagem Fantástica", onde uma equipe em sua nave teve seu tamanho reduzido e são injetados, dentro de uma nave, na corrente sanguínea de uma pessoa doente para curar sua doença.

Hoje, a nanorobótica está muito próxima de fazer a mesma coisa, mas é um pouquinho mais complexo do que é visto no filme. Sempre que um objeto menos que meio milímetro é criado, ele deve ter o comportamento pelo qual ele foi programado.

No estudo do movimento browniano, nosso corpo, assim como todas as outras coisas dentro deste planeta, sofre uma pressão de forma contínua exercida por trilhões de choques de moléculas atmosféricas que existem no ar que batem nos nossos corpos, mas como é contínuo o choque não é sentido. A atmosfera faz uma pressão que, se abrirmos a palma de nossas mãos, ali, naquela pequena parte do corpo humano, existem duzentos quilos de pressão, mas como a pressão atmosférica se aplica em todos os lados, a pressão não é percebida.

Quando um elemento diminui de tamanho, a quantidade de moléculas que age contra o mesmo acaba fazendo com que os choques sejam percebidos.

Um exemplo é que o corpo, um organismo minúsculo, sofre os choques das moléculas que batem nele de forma aleatória, e essa oscilação dos pequenos objetos recebeu a nomenclatura já dita, o movimento browniano.

A nanorobótica é uma tecnologia baseada em um campo de pesquisa que cria objetos ou robôs em escalas de nanômetros, e é uma das inúmeras áreas da nanotecnologia mesclada à construção de nanorobôs, biomateriais, nanoeletrônica e demais elementos desenvolvidos em tamanhos chamados micrômetros.

Os nanorobôs são aperfeiçoados a cada dia. em uma corrida tecnológica aplicada à medicina e existem muitos registros de propriedade intelectual na Europa e na América do Norte onde é vendida esta tecnologia.

4.4 Demais Tecnologias Médicas

Isso é menos absurdo do que aparenta, o objetivo é garantir que a vida eterna seja possível. Dizem os pesquisadores que logo serão citados nessa obra, e acrescentam: *Aprendemos a aceitar que a morte é uma certeza em nossa existência. Nosso corpo se deteriora à medida que essas ciências se tornem acessíveis.*

Temos um número finito de divisões celulares que podem ocorrer em nosso corpo, que já está pré-programado; é quase como um tanque de combustível ligado a um motor. Quando as pessoas se aproximam deste limite, suas células tendem a se regenerar com menos frequência até que, normalmente, elas param.

À medida que o homem vai envelhecendo, seu corpo perde a capacidade de se reparar. Externamente é possível ver o envelhecimento do corpo quando se muda a aparência.

A idade não favorece a pele, pois ela contém diversas moléculas e as mais importantes são as de colágeno e elastina.

A elastina é o que parece, um tecido elástico que, quando novo, estica para todos os lados e volta rapidamente para sua forma original, por isso que os jovens não possuem rugas, mas com o tempo, com a idade e com a ação da gravidade, ela tende a enrugar e também a perder a capacidade de voltar à posição inicial.

Embora os efeitos do envelhecimento na pele sejam muito acentuados, mudanças semelhantes ocorrem no interior da pessoa:

- As fibras musculares encolhem;
- O conteúdo mineral dos ossos diminuem;
- As células caem em declínio;
- Mesmo mantendo um nível de vida saudável, parece que o ser humano foi geneticamente programado para que sua vida chegue ao fim. Mas sempre existem exceções. Há casos de pessoas, como dito anteriormente, que passam dos 120 anos de idade.

É possível notar que a história está repleta de noções estranhas e fatos que podem ser utilizados para a busca da imortalidade.

Imperadores chineses antigos ingeriam chifres de rinoceronte, biles de ursos, cavalos-marinhos, jade e até mesmo ouro na tentativa fracassada de permanecerem jovens, o que não deu resultado, obviamente.

Farmácias chinesas vendem cápsulas com carne humana em pó para diversos países, principalmente para a Coreia do Sul.

Um Imperador da dinastia Ming morreu devido à ingestão de uma alta dose de mercúrio, um curioso elixir da vida conjurado por alquimistas.

Outras civilizações antigas, como japoneses e gregos, acreditavam em uma água curativa que rejuvenescia as pessoas, uma lenda que pode ter feito Ponce de Léon acreditar na fonte da juventude.

O homem continua sua batalha contra a morte, e a medicina moderna já conseguiu vencer doenças como a pólio, a varíola, a difteria etc. E essas guerras contra as doenças já aumentaram a expectativa de vida de 30 anos em 1800 a quase 80 anos atualmente.

Como a sociedade moderna teve possibilidade tecnológica para essas pesquisas, vimos uma renovação das ideias de vida eterna e sobrevivência à morte. Dizem seus pesquisadores que nós viveremos mil anos.

Então houve um anúncio impossível e revolucionário.

Em 2004, o Doutor Audrey de Grey, diretor científico do Projeto Matusalém, anunciou que em até 2060 a humanidade conseguirá viver mais do que a mesma imaginava. Ele diz que existe grande probabilidade de que várias pessoas que estão vivas hoje e até pessoas que são adultos hoje consigam viver até 1.000 anos, isso porque estão se desenvolvendo tecnologias que poderão amenizar o envelhecimento o suficiente para garantir que as pessoas só morram por problemas que possam afetar jovens e adultos, como acidentes e afins.

- O homem pode viver até os 1.000 anos?
- A base do argumento do projeto é que o envelhecimento é apenas uma doença que pode e será controlada. Mas como isso será possível?
- A tentativa do homem de enfrentar a morte sempre deu origem a uma série de discussões e ações muito controversas.
- E se os seres humanos fossem congelados e armazenados anos e décadas e depois descongelados para que recebessem o tratamento?

4.5 Criogenia Humana

A criogenia humana é a tecnologia que permite conservar corpos congelados por um longo período de tempo, para, um dia, reanimá-los.

Um ramo onde ela é bastante aceita são os sistemas de congelamentos de embriões, que ficam criogenizados e podem ser usados quando descongelados; em média, 60% dos mesmos podem ser utilizados.

Figura 4.9 – Tanques utilizados para criogenizar corpos humanos.
Fonte: blogskyline

Muitas pessoas acabam por se criogenizar nesta busca. Em todo o mundo, aproximadamente cem pessoas já estão congeladas à espera de uma nova vida. Sem sombra de dúvidas, é uma grande ideia. Após o falecimento, o cadáver é inserido em um tanque de nitrogênio líquido a -196ºC, pois nessa temperatura não existe apodrecimento do corpo até a cura da doença que causou a morte do mesmo, mas não é tão simples assim, pois o próprio método utilizado nesse recurso acaba. Devido à baixíssima temperatura, causa danos nas células, o que a ciência atual não consegue. Portanto, com a tecnologia atual, esta técnica não funciona com pessoas, pois o líquido que compõe as células vira gelo e acaba por trincar, o que não ocorre com os embriões, pois se faz uso de substâncias que impedem esse congelamento que não danificam as células, mas nos humanos adultos o problema existe, já que cada tipo de célula exige uma substância protetora diferente, e muitas das mesmas ainda não foram inventadas.

Em 1966, em Glendale, na Califórnia, James Badford, de 73 anos, professor de psicologia aposentado, morria de câncer.

Figura 4.10 – James Badford.
Fonte: alcor.org

Ele respondeu a um anúncio publicado por um grupo recém-formado, a Sociedade de Criogenia da Califórnia. O anúncio fornecia criogenia grátis para o primeiro homem no mundo que aceitasse se submeter ao processo conhecido como suspensão criogênica.

A criogenia é um procedimento de emergência média. O sangue é retirado por completo e substituído por uma solução que protege o corpo contra o frio extremo da criogenia, mas a premissa real por trás desta tecnologia é que, quando uma pessoa é preservada em nitrogênio líquido, pode ficar lá por milhares de anos sem que exista qualquer alteração.

Em 12 de janeiro de 1967, James Badford se tornaria o pioneiro em uma arrojada experiência para viver eternamente. Quando ele se aproximava de seus momentos finais, o Doutor Renê Wivel estava ao lado do seu leito de morte com cubas enormes cheias de gelo. Enquanto Badford fechava os olhos, a equipe imediatamente começou a embalar o corpo de Badford em gelo.

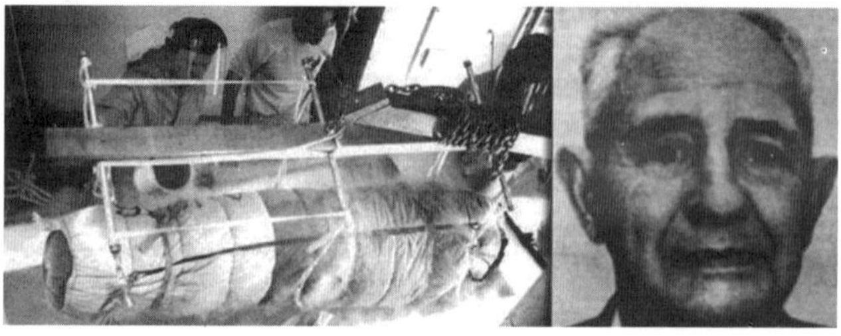

Figura 4.11 – James Badford sendo criogenizado.
Fonte: lepoint.fr

Todo o sangue foi drenado e substituído por líquido anticongelante, e passaram 48 horas congelando o corpo. Após ele foi levado para a cidade de Phoenix e congelado em uma cápsula de armazenamento em nitrogênio líquido chamada de TUA.

Figura 4.12 – Câmara criogênica que ficava no porão da casa de Bedford.
Fonte: Google Images.

Depois de algumas décadas, por isso, seu cadáver foi transferido para cápsulas mais modernas.

Figura 4.13 – Câmara criogênica moderna.
Fonte: Alcor.

Mas Badford não está sozinho. Dezenas de corpos criogenizados estão alojados em cápsulas congeladas no tempo; neste estado, eles não envelhecem, mas também não estão prontos para serem descongelados, pois ainda não é possível reviver as pessoas que se encontram congeladas, já que é necessário ter a cura para as doenças que mataram as mesmas, sejam cardíacas, seja idade avançada ou outras causas que matam hoje em dia que necessitam ser curadas antes de descongeladas.

O paciente é criopreservado em um processo chamado de vitrificação, que protege os corpos em estado de preservação; isto é conseguido através do bombeamento do nitrogênio líquido o que mantêm os corpos em uma temperatura constante de - 196 K.

Figura 4.14 – Câmara criogênica moderna.

Fonte: Alcor.

Esta é uma cápsula de corpo inteiro, onde o paciente fica cercado de material isolantee depois é amarrado individualmente dentro das cápsulas. Em cada equipamento existem quatro cápsulas. O que é feito é levantar e baixar os pacientes dentro das mesmas para que fiquem bem a longo prazo. De certo modo, estes equipamentos são cápsulas do tempo, pois levam o paciente a ser revivido no momento em que sua cura for possível.

A criogenia é uma espécie de seguro de vida na morte; é um modo de dizer que, se tudo mais falhar, a tecnologia no futuro será capaz de resolver tudo o que houver de errado, até mesmo o fato de estar morto. Talvez estejam buscando o dia em que a vida eterna seja possível e um direito de todas as pessoas.

Os mortos congelados serão ressuscitados e voltarão a andar em uma situação para viver eternamente?

Ainda não é possível reviver as pessoas criopreservadas com a tecnologia atual, mas os pesquisadores acham que estão bem próximos de conseguir tudo isso, então, certas pessoas pagam uma mensalidade para serem preservados depois de mortas em algum tempo futuro, onde serão reanimadas.

Neste ponto, a criogenia ainda é um sonho científico, mas esses termos e palavras já foram usadas para descrever um procedimento comum e que talvez seja agora os passos da ciência para prolongar a vida.

4.6 Transplantes de órgãos

No dia 03 de dezembro de 1967, apenas 11 meses do primeiro humano estar criogenizado, um outro marco na história da busca do homem para a imortalidade estava em andamento. O local, um hospital na Cidade do Cabo, na África do Sul.

O doutor C. N. Banard se preparava para fazer o impossível: executar o primeiro transplante de coração de um humano para outro humano, mas encontrar um paciente pronto para isso era um grande desafio.

A ideia de retirar um coração ainda quente de uma pessoa e em seguida instalar o mesmo em outra pessoa. Parecia monstruoso, como uma cena de um filme do monstro do doutor Frankenstein.

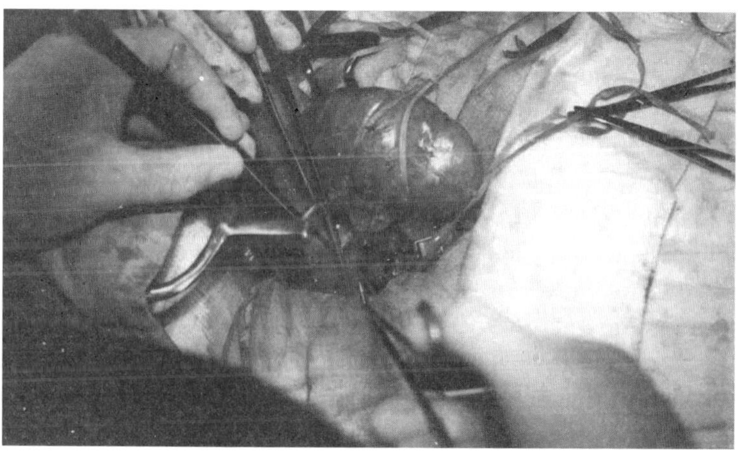

Figura 4.15 – Transplante de coração.

Fonte: renovaçãoaoueli

Apesar das implicações deste movimento, o doutor recebeu o telefonema que esperava. O primeiro paciente a se oferecer para esse tipo de cirurgia foi Louie Washclanski, um vendedor de 54 anos que sofria de diabetes e uma doença cardíaca terminal e que precisava de um coração novo; aceitou passar por este procedimento arriscado para conseguir dar continuidade a sua vida.

Mas a equipe não sabia onde encontrar um doador saudável para o transplante. Naquela época as pessoas não estavam habituadas com a ideia da doação, mas uma família corajosa pensava que este milagre seria possível, e uma jovem chamada Denise sofreu um acidente que provocou um quadro grave. Quando perguntaram ao seu pai se ele doaria o coração de Denise, ele concordou, Então a equipe da cirurgia iniciou o trabalho para remover o coração doente e substituí-lo pelo coração saudável da doadora. A cirurgia durou nove horas e envolveu uma equipe de 27 profissionais para monitorar constantemente o paciente. Isso para verificar se o coração continuva saudável no transplantado.

Os médicos saíram da cirurgia de nove horas como pioneiros de uma nova fronteira, pois realizaram o procedimento e alcançaram o sucesso, e a humanidade deu um salto a mais na sua busca pela vida eterna; atualmente, os órgãos do corpo são transplantados com sucesso.

É possível encontrar maneiras de substituir órgãos doentes e defeituosos e, quando isso acontece para algumas pessoas, pode permitir lutar contra a morte em si, e assim talvez um dia a humanidade possa viver para sempre.

Mas, apesar de seus benefícios, os transplantes têm um lado sombrio, pois o sucesso dos transplantes pode ser uma maldição, já que mais pessoas perceberão que a vida pode ser enriquecida e salva com o transplante e, como consequência, existem pessoas demais à espera de rins, fígados e corações, mas não há órgãos disponíveis. Existem, hoje, pessoas que já se encontram no segundo transplante de coração.

Quem passou por isso relata algumas mudanças em seus gostos, valores e temperamentos; eles não são mais as pessoas que foram. Ocorre também um evento interessante, que é a memória Celular – recebimento das características do doador e ocorre em vários transplantados. Eles começam a gostar de outras coisas que eram do interesse da pessoa que doou os seus órgãos.

O pesquisador Charles Vacanti, da Universidade de Massachusetts, que chocou muitos leigos quando criou uma orelha humana embutida em um rato, está à frente desta pesquisa.

Figura 4.16 – Charles Vacanti.

Fonte: Google Images.

Desde o crescimento da orelha no pequeno roedor, ele pôde provar a eficácia de sua teoria, que nada mais é do que implantar em seres humanos órgãos sem o perigo de rejeição. Isso é um marco, pois a tecnologia tomou velocidade, principalmente no transplante de pele, o qual já foi patenteado por ele.

Figura 4.17 – Orelha implantada em um rato.

Fonte: Google Images.

É claro que as pesquisas continuaram, e a meta agora é criar um fígado, rim e coração; em uns 10 anos isso será realidade.

Anthony Atala é uma das maiores autoridades neste procedimento de criação de tecido; ele é o fundador da primeira loja que vende órgãos no mundo. Um laboratório que trabalha a fim de regenerar tecidos desenvolvendo partes do corpo. Ele liderou a equipe que desenvolveu um novo órgão em laboratório, uma bexiga que foi implantada em um humano.

Ele também já criou uretras e vasos sanguíneos e nos próximos 20 anos eles esperam conseguir desenvolver rins, fígado, pâncreas e corações. Muito em breve será possível comprar partes do nosso próprio corpo, evitando assim a rejeição pelo corpo do receptor.

Uma das características que define a célula-tronco é sua capacidade de formar novos tecidos ao mesmo tempo que se regenera. Por isso ela é considerada e tratada como uma opção ilimitada da manutenção da vida.

No entanto, onde o Dr. Atala consegue essas células para criar os órgãos? Ele se baseia no fato de que no líquido amniótico existem células-tronco embrionárias. Ele pode fazer com que essas células se multipliquem e existirá uma população de células- tronco que poderão ser usadas; isso se chama regeneração de tecido.

O doutor Robert Lanza conseguiu ressuscitar alguns animais mortos, ele trabalhava com a ressuscitação de bovinos, o primeiro bezerro a ser ressuscitado recebeu o nome de Benteng, então as pesquisas voltaram-se para perpetuar a vida de valiosos reprodutores.

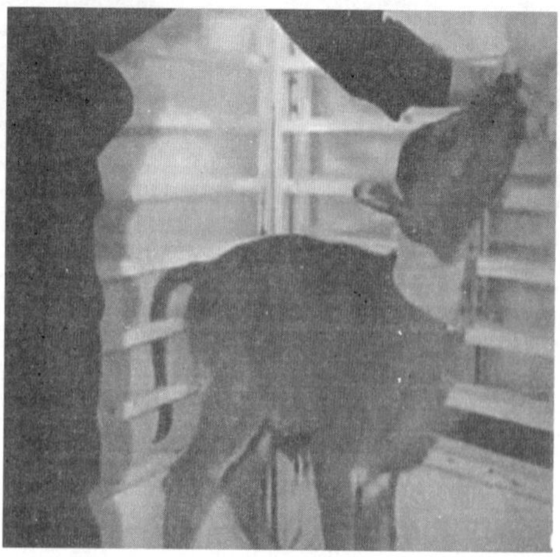

Figura 4.18 – Bezerro que foi "ressuscitado".

Fonte: Google Images.

Essa tecnologia conseguiu ressuscitar um animal que havia morrido há 25 anos, e já está barateando esta tecnologia, pois os primeiros investimentos são mais onerosos.

4.7 Robôs Cirurgiões

Nas cirurgias realizadas por robôs, o procedimento é deixar a câmera fixa e imóvel no próprio robô; ela retorna imagens em 3D muito detalhadas do paciente, como visto na foto a seguir. O profissional utiliza joysticks específicos para o controle preciso dos braços da máquina.

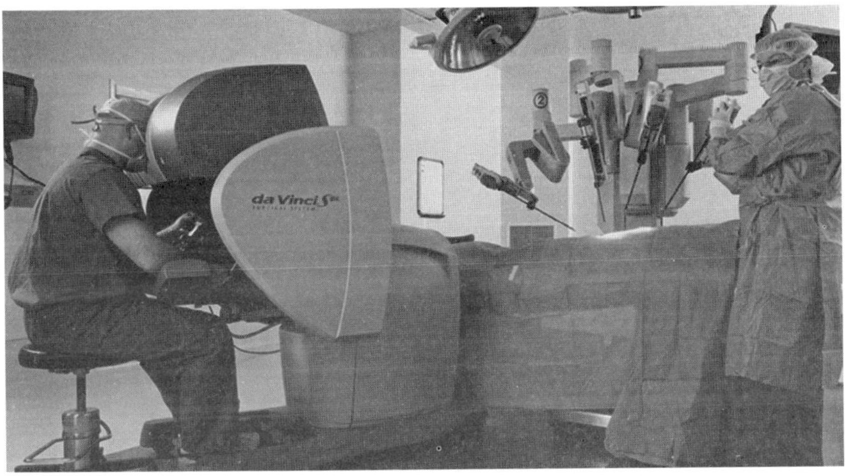

Figura 4.19 – Robô cirurgião.

Fonte: Reprodução PSU.

Isso deixa uma margem de acerto para detalhes muito grandes e com bem menos desgaste nos tecidos locais; ele ajuda na recuperação diminuindo as dores e, como consequência, uma recuperação melhor e em menos tempo.

Mas o modelo robótico ainda possui algumas desvantagens, as quais provocam nos cirurgiões algumas dúvidas; isso se deve ao fato de que eles são caros demais, além de serem grandes e pesados para a movimentação dentro de uma sala cirúrgica, e de afastarem a mão do cirurgião para sentir os tecidos do paciente. Outros médicos mais radicais falam que não existem diferenças em uma cirurgia convencional e a cirurgia robótica.

CAPÍTULO 5

ROBÓTICA HUMANOIDE

Fato que a robótica humanoide é algo muito interessante, mas também perturbador. Em um mundo que gira entre redes sociais, o autor, na condição de docente universitário, se pergunta: os homens são os senhores absolutos que determinam o que a máquina pode fazer ou é um escravo de tudo o que a máquina manda? Algo a se pensar, a robótica humanoide sempre caminhou a passos lentos, mas isso já faz muitas décadas, portanto, existem outras tecnologias que podem ser opções mais interessantes em algum tempo futuro próximo.

5.1 O Neurônio Artificial

O modelo do neurônio utilizado nas redes neurais recebe uma entrada, que é a corrente, e oferece uma saída, que também é conhecida como frequência de disparos, portanto existe a função de transferência ou ganho para o neurônio, portanto o mesmo oferece um caminho, assim como os neurônios biológicos.

Geralmente no experimento *in vitro* é possível inserir uma corrente no neurônio para analisar e estudar uma resposta, mas, na realidade, na própria experiência, é possível que o neurônio receba esse sinal elétrico de impulso de outros neurônios, incluindo o dele mesmo.

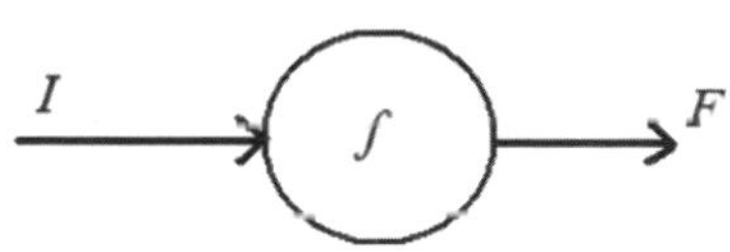

$$F = f(I)$$

Figura 5.1 – Neurônio e a corrente.

Fonte: Antonio Roque.

Neste ponto é importante a interpretação sobre a função do ato de transferir o que o neurônio passa ou envia mediante sua posição na rede. Para isso, basta a observação da sinapse entre um neurônio e os outros.

As sinapses podem ser de duas formas, químicas ou elétricas, analisando a transferência química, que é a mais importante de acordo com o sistema nervoso.

Observando de forma distinta, não existe nenhum padrão para a sinapse; ela nada mais é do que a conexão a um axônio dos neurônios que acaba por enviar o estímulo que é conhecido como neurônio pré-sináptico diretamente a um dentrito do neurônio receptor. Este é chamado de neurônio pós-sináptico e nesta ocorrência ocorrem diversos fatores:

Os canais de cálcio existentes na membrana do primeiro terminal acabam por abrir, o que possibilita que os íons entrem nas células pré-sinápticas.

Esses íons acabam por provocar um tipo de fusão que é chamado de neurotransmissores ligados com a membrana pré-sináptica, e isso resulta que ocorre uma liberação dentro da fenda sináptica.

Estes neurotransmissores acabam sendo difundidos na membrana do dentrito do neurônio pós-sináptico.;

De acordo com cada tipo de neurotransmissor, isso resulta na abertura dos canais iônicos existentes na membrana do próprio dentrito pós-sináptico.

Deve-se chamar a atenção para o fato de que um neurônio sempre libera o mesmo tipo de neurotransmissor, e ele se comporta da seguinte maneira, pois o neurônio, neste momento, é chamado de excitatório, e sua sinapse é conhecida como excitatória. Isso acaba provocando uma hiperpolarização local onde o neurônio pré-sináptico é chamado de inibitório, pois sua sinapse é conhecida como inibitória.

Tanto um como outro possuem funções bem maiores do que uma ação, pois existe um potencial após a sinapse que possui uma fase de subida que leva de 1 a 2 ms e um tempo em que o mesmo decresce, que é mais lento, que leva de 3 a 5 ms.

Os neurônios são ligados entre si através de inúmeras sinapses que existem em outros neurônios; algumas são inibitórias, enquanto outras são excitatóorias em sua arborização dentrítica, onde cada uma delas termina de forma inibitória ou excitatória.

De fato, é extremamente difícil encontrar uma ação em potencial que existe dentro de um dentrito. Na sua maioria, os mesmos são criados em uma estrutura que se chama cone axônio, onde existem muitos canais de sódio em que ocorre a conexão do mesmo ao corpo da célula.

5.2 O Neurônio nas Redes Neurais Artificiais

O tipo de neurônio utilizado nas redes artificiais compensou a base do processo de criação de um neurônio biológico. É possível classificá-lo como uma unidade capaz de receber inúmeras entradas e depois integrar as mesmas segundo regras preestabelecidas, então, após isso, ele fornece uma saída que é a gerada por uma função de transferência.

Observando um modelo de um neurônio artificial, é possível analisar a possibilidade da construção de uma rede neural artificial. Ela recebe um padrão de entrada e cada um desses neurônios acaba por receber uma parte bem pequena de cada padrão, então é fácil observar que o existente na entrada sempre acabava sendo mostrado de forma distribuída através das unidades de entrada. Eles não executam nenhum tipo de processamento sobre os sinais que acabam por receber; eles nada mais fazem do que passar o mesmo adiante.

Cada neurônio de entrada envia sinais para outros neurônios chamados de ocultos, e eles recebem esse nome porque são baseados nos interneurônios existentes no processo; eles não estão conectados de forma direta com o mundo exterior, tanto na entrada quanto pela saída; eles acabam sendo escondidos no mundo exterior do que existe dentro da rede neural.

É importante lembrar que um conjunto de neurônios escondidos tem a possibilidade de receber qualquer padrão de entrada, mas acaba por ser modificado pelo mesmo que acabou por multiplicar os sinais oriundos dos neurônios de entrada.

Na saída, os neurônios acabam sofrendo transformações do tipo linear, pois elas dependem da função de cada estímulo na hora da transferência de seus níveis de ativação que são realizados para os neurônios de saída onde elas novamente são multiplicadas.

Importante citar neste momento que os neurônios de saída acabam por combinar todo tipo de informação que lhe são fornecidas através dos neurônios escondidos, e a partir disso eles fornecem saídas que correspondem a certos tipos de ações realizadas pela rede neural. A forma de conexão dos neurônios entre si é chamada de arquitetura da rede neural, que são basicamente duas:

Com alimentação para a frente, cuja característica marcante é que a mesma não utiliza *feedback*. Ela pode iniciar em qualquer unidade da rede neural através de suas conexões e chega às unidades de saída que não estão conectadas a outra unidade existente na rede.

Outro modelo é o recorrente, cuja característica principal é que, pelo menos em um dos neurônios, existe um laço de realimentação, onde um dos caminhos existe a partir da sua saída e retorno.

5.3 História da Robótica Contemporânea

Esta obra, neste momento, transmite a ideia de que desde o início essas tecnologias já facilitam inúmeras coisas, e a obra também afirma que os mesmos facilitam a vida da maneira mais ampla possível, por isso, a robótica se aperfeiçoa mais e mais, com pesquisas baseadas no que já está criado em vez de iniciar do zero.

Em virtude deste fato, o ser humano foi desenvolvendo diversos mecanismos que potencialmente poderiam substituí-los em trabalhos para que pudessem ocupar seus lugares; assim, ele teria mais tempo livre para tarefas mais importantes.

A evolução desta tecnologia possibilita resultados em inúmeros procedimentos, que fazem com que o robô humanoide, se torne, cada vez mais, parecido com o homem.

Como o robô construído pela Honda, o ASIMO, batizado assim em homenagem a Issac Asimov.

Figura 5.2 – Robô ASIMO.

Fonte: Honda.

Este robô começou a ser criado no ano de 1986 e, depois de vinte anos, ele conseguiu alcançar movimentos satisfatórios. A partir desta invenção, nos dias atuais, os robôs andam, correm, sobem e descem degraus e se equilibram quando são empurrados.

A sigla ASIMO significa Advanced Step in Innovative Mobility. Ele é muito avançado e pode, segundo seus criadores, andar de forma independente. Ele tem um sistema de locomoção muito moderno se comparado com outros robôs humanoides.

Essa máquina não é, de forma alguma, autônoma. Ele não pode tomar decisões por ele mesmo sobre como navegar. Obrigatoriamente, ele é programado para tarefas específicas em locais com marcadores ou ele pode ser controlado pelo homem.

Entra agora o fato que sempre foi o ponto de honra para os homens em geral, isto é, que robôs andassem com duas pernas. Essa conquista foi demorada e onerosa, mas já é uma realidade. Levou décadas e por isso a robótica andou lentamente. Depois dessa conquista, importante criar robôs que façam duas, três etc. ações de uma vez.

Robôs surgiram no século XX, mas o homem sonhava com essa máquina fazia muito mais tempo, como foi abordado na construção dos autômatos. Como visto anteriormente, existiam cachorros mecânicos de brinquedos datados do Egito desde 2.000 anos a.C. Existem histórias da Ilíada, onde havia personagens criadoz pelo deus dos ferreiros, que tinham voz e inteligência.

Fato que a revolução industrial influenciou deveras a criação e o aperfeiçoamento dos autômatos para automação de produção, e foram produzidos em massa, o que aumentou rendimento de manipuladores.

Mas a revolução industrial tinha limitações na época, e a palavra robô surgiu nos contos de ficção, mais precisamente no ano de 1920, em uma dramaturgia que se chamava RUR – Rossum Universal Robot. Essa obra foi escrita pelo dramaturgo tcheco Kapel Kapec, portanto, a palavra robô surgiu de uma palavra tcheca chamada robota, que significa trabalho árduo, pesado, duro; era chamada de trabalho escravo.

No ano de 1924, foi criado o primeiro robô mecânico por seu inventor ou pesquisador Roy Wensley, da Westinghouse. Esta máquina era uma unidade de controle que trabalhava sob supervisão humana. Ele foi batizado de Televox.

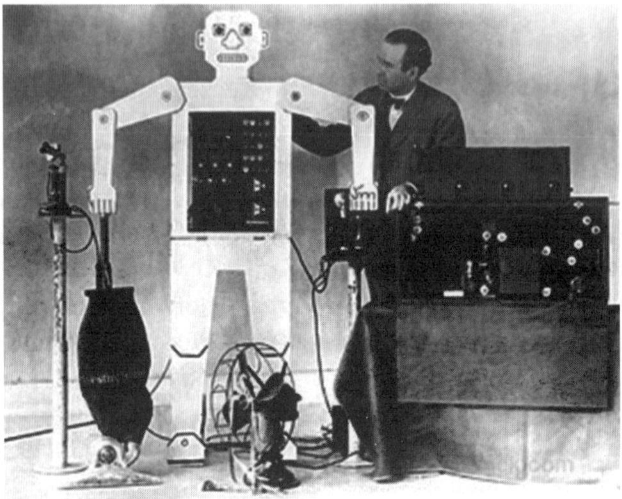

Figura 5.3 – Televox.

Fonte: Westinghouse.

Este robô trabalhava na telefonia, onde ele desligava, ligava e regulava de forma remota tudo o que estava conectado a ele. Depois de três anos, foi criado de forma humanoide, executava movimentação bem básica e também era comandado. Depois foi criado o Willie Vocalite já na década de trinta, tinha de altura de dois metros e era feito de aço.

Figura 5.4 – Willie Vocalite.

Fonte: Westinghouse.

O grande salto evolucional deste rob é que ele trabalhava por comandos de voz e podia se sentar, mover seus braços e até fumar um cigarro, muito em moda na época. Interessante que ele conversava com as pessoas usando frases oriundas de discos de 78 rotações. Estourou sua ótima imagem a partir da exposição tecnológica em Chicago, no ano de 1933.

Depois disso, ocorreu um grande salto na tecnologia robótica no ano de 1937. O robô Elektro já andava, movimentava a cabeça para baixo e para cima e para os dois lados. Ele movimentava os braços e sua boca mexia quando ele falava. Ele possuía sensores fotoelétricos em seus olhos, o que fazia com que ele distinguisse a cor vermelha e verde.

Figura 5.5 – Elektro.
Fonte: Westinghouse.

Para ser auxiliar, no ano de 1940, a empresa criou o cachorro-robô Sparko, e ambas as criações arrastaram multidões a feiras e palestras, até de filmes eles participaram, cujo título de um era Sex Kittens Go to College, no ano de 1960.

Os robôs do tipo teleoperados continuaram a ser construídos até duas décadas depois. A partir disso, surgiu, criado por George Devol, o primeiro robô automático.

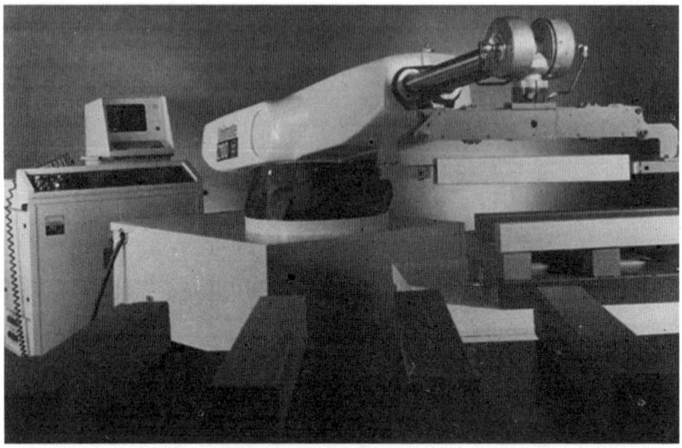

Figura 5.6 – Ultimate.

Fonte: Google Images.

O Ultimate foi o primeiro robô industrial comercializado, trabalhando nas linhas de produção da General Motors no ano de 1961. Sua função na fábrica era a de pegar peças incandescentes e instalar nos chassis dos automóveis. Como características, ele pesava 1.800 kilos e acatava os comandos que eram gravados em fitas magnéticas.

Esta máquina deu um impulso imenso na tecnologia robótica, pois a partir dela surgiram inúmeras pesquisas e novos robôs, como o do pesquisador do MIT Joseph Weizenbaum. Sua máquina era chamada de Eliza, que foi o primeiro programa de inteligência artificial.

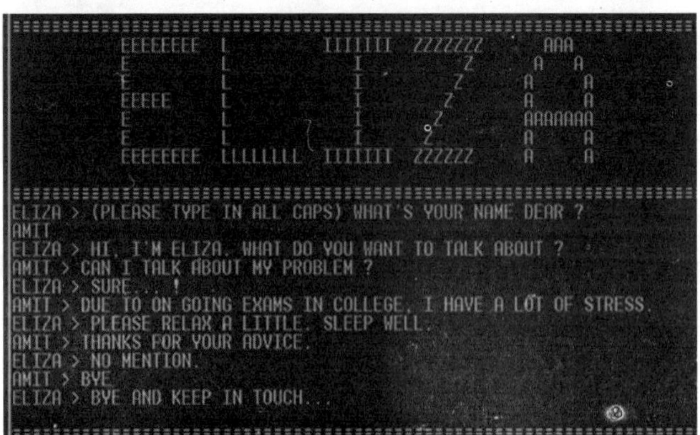

Figura 5.7 – Interace do Eliza.

Fonte: Google Images.

Passados três anos deste lançamento, o inventor Victor Scheinman, acadêmico de engenharia mecânica em Standord, criou um braço que foi batizado de Standford Arm. Este padrão é utilizado até hoje no design de braços robóticos de todos os tipos e em inúmeras áreas.

No ano de 1981, o engenheiro chamado Takeo Kanade criou o primeiro braço com motor instalado nas próprias junções dos mesmos e isso fez com que os mesmos fossem mais rápidos e precisos.

Como já citado nesta obra, foi no ano de 1986 que a Honda deu início a suas pesquisas referentes à robótica, para criar o robô humanoide Azimo. A intenção da empresa era de que ele coexistisse com a humanidade e interagisse com a mesma também. Ele foi lançado no ano 2000 e trouxe uma nova mobilidade para atender a humanidade.

Figura 5.8 – Robô humanoide recoberto com látex imitando a pele humana.
Fonte: Google Images.

A Figura 5.8 mostra um robô humanoide que pensa por si só. Ele interage com seus interlocutores, é capaz de responder a inúmeras perguntas e questionamentos, consegue analisar o som de músicas de diversos ritmos e sempre fica de frente para as pessoas que conversam com ele. As conversas realizadas são baseadas a partir de sua capacidade de entender o que lhe é dito.

Interessante citar neste caso que este robô não é simplesmente um sistema especialista de um só assunto; ele domina diversos assuntos e aprende sozinho. Isso é fruto de uma pesquisa que durou décadas, pois a interação que esta máquina possui com os humanos é imensa. Ele sabe muitos assuntos e tem muitas utilidades nas respostas diretas às perguntas que lhe são feitas.

A imagem a seguir mostra um robô humanoide com a cabeça de uma mulher. Esta máquina se chama JANET e, como os mais avançados robôs, ela consegue realizar duas coisas ao mesmo tempo, como andar e interagir. Além disso, ela, por si só, interage, analisa e também discute o que ela ouviu, e retorna ou uma resposta ou uma pergunta, que, ao ser respondida pelo seu interlocutor, faz com que ela aprenda mais coisas.

Figura 5.9 – Robô humanoide (JANET) recoberto com látex imitando a pele humana.
Fonte: Google Images.

Imprescindível abordar, neste capitulo, o robô astronauta, pois este é o único caminho que existe para o homem conquistar o universo fora da magnetosfera do planeta Terra, isso ocorre pela grande quantidade de radioatividade existente entre a magnetosfera da Terra e a Lua, fato é que o homem, nunca chegará à Lua e em nenhum lugar além, mas este assunto renderia um livro inteiro para falar desta grande e primária mentira absurda.

Figura 5.10 – Robonauta.
Fonte: General Motors.

Este humanoide foi construído pela NASA e pela GM, e foi o primeiro humanoide montado no espaço, dentro da estação espacial internacional. Suas funções são as de riscos no lugar dos humanos fora da Terra; já estão sendo criados robôs para realizar missões completas no lugar dos homens, realizando as mesmas atividades, pois é a única saída. A corrida espacial da guerra fria não passou de um embuste neste aspecto e não existe como atravessar o cinturão de Van Allen pela sua extrema radioatividade, entre outros fatores que impossibilitam que o homem nunca consiga se afastar do planeta Terra, que é onde fica a estação espacial.

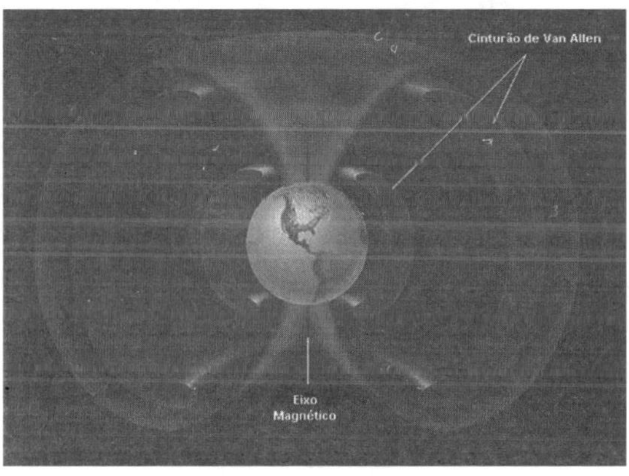

Figura 5.11 – Magnetosfera.
Fonte: Geocities.

Academicamente, os robôs são utilizados também para cursos de odontologia, como o caso da imagem a seguir.

Ele simula com uma grande perfeição tudo o que um paciente necessita em um consultório odontológico, inclusive e espantosamente, ele envia sinais sonoros caso a broca e demais equipamentos causem dor ou mal-estar ao paciente quando usados de forma errada.

Importante observar que existem outros robôs que também servem para outros cursos, como o de fisioterapia, medicina, enfermagem etc.

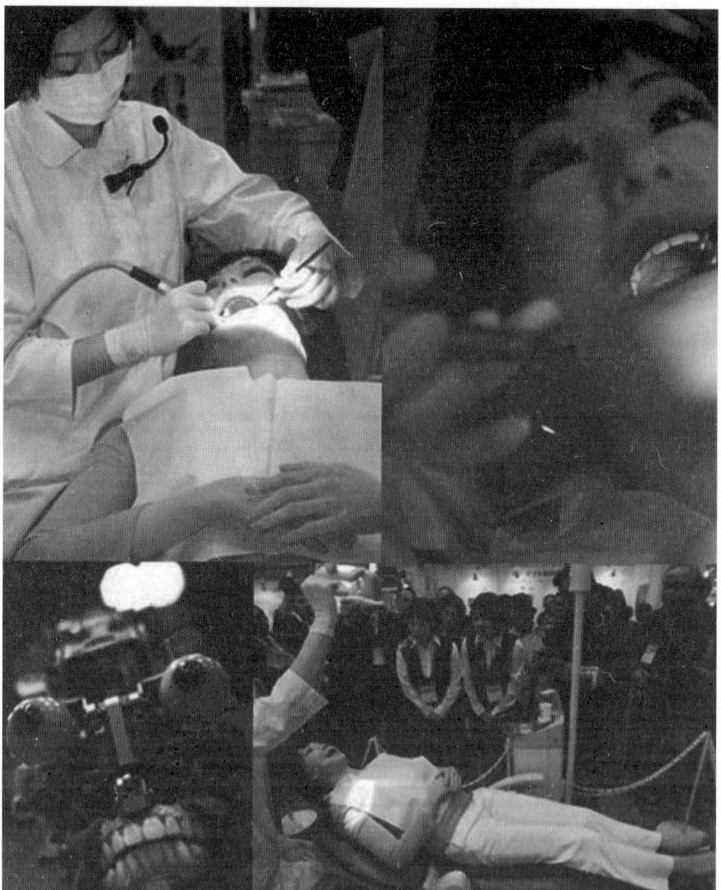

Figura 5.12 – Robô para formação de dentistas.

Fonte: Google Images.

Falando nisso, existe um robô enfermeira que possui uma utilidade muito peculiar.

Figura 5.13 – Robô Enfermeira.

Fonte: Google Images.

Ela orienta todos os funcionários de enfermagem sobre os medicamentos, tratamentos, entre outros detalhes, para os novos profissionais recém-contratados no seu primeiro emprego. Isso é um recurso muitíssimo importante devido ao fato de esta orientação evitar erros dos enfermeiros e auxiliares, levando atenção aos detalhes de medicações, pacientes, doses e vias.

Mas a robótica humanoide já realiza o sonho do homem de possuir um serviçal que anda em duas pernas e serve às mesas de seus donos.

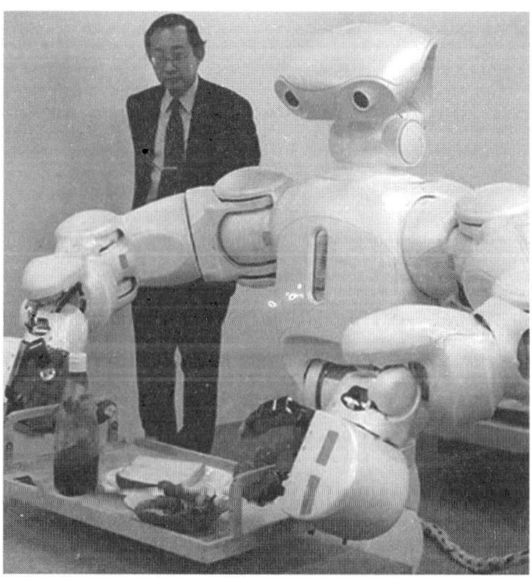

Figura 5.14 – Robô serviçal.

Fonte: Google Images.

Muito vistos ems filmes e desenhos animados, os robôs realizavam essas funções, e esta tecnologia existe e logo chegará à realidade das pessoas no tocante ao preço e custo de manutenção.

Impressionante a imagem a seguir, pois mostra um robô humanoide regendo uma orquestra como um maestro, um robô liderando humanos, e ele ocupa este papel na orientação e na regência geral. Existem robôs músicos e, neste caso, ele recebe informações e aprende, aos poucos, sozinho.

Figura 5.15 – Maestro Robô.

Fonte: Google Images.

Mas existem robôs que já realizam serviços domésticos, não somente servir o café na mesa, mas trocar e consertar tomadas, ligar e controlar elétricos e eletrônicos, fornos de microondas, ferver água etc.

Figura 5.16 – Robô utilizando uma serra copo.

Fonte: Google Images.

Impossível não observar que existem pesquisas focadas na humanização da comunicação entre homens e robôs, pois interagir não é o suficiente, e os robôs devem também responder com expressões faciais.

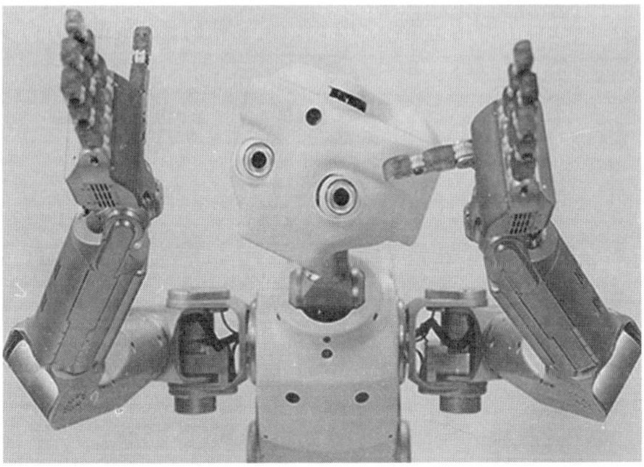

Figura 5.17 – Robô com interação de voz com expressões na face.

Fonte: Google Images.

Interessante notar que este robô responde a informações, como por exemplo deixar o semblante triste quando recebe uma notícia ruim. Isso, é claro, sem o controle humano.

A substituição humana também já chegou aos comércios tradicionais, oferecendo, a médio prazo, uma economia com funcionários muito grande, como na imagem a seguir, um robô recepcionista.

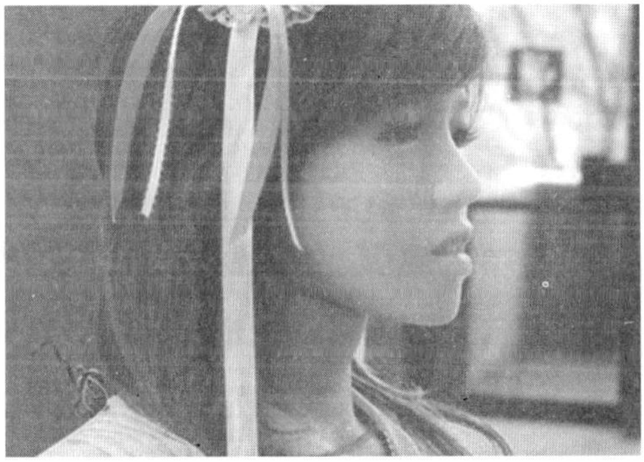

Figura 5.18 – Robô recepcionista em shoppings e demais lojas.

Fonte: Google Images.

5.4 Os Mais Avançados Robôs

Existe, para algumas máquinas humanoides, um dilema: quanto mais avançado, mais perturbador. Como na imagem seguinte, o robô possui um sistema extremamente avançado e realiza ações ao mesmo tempo e sua interação com os homens é a mais abrangente.

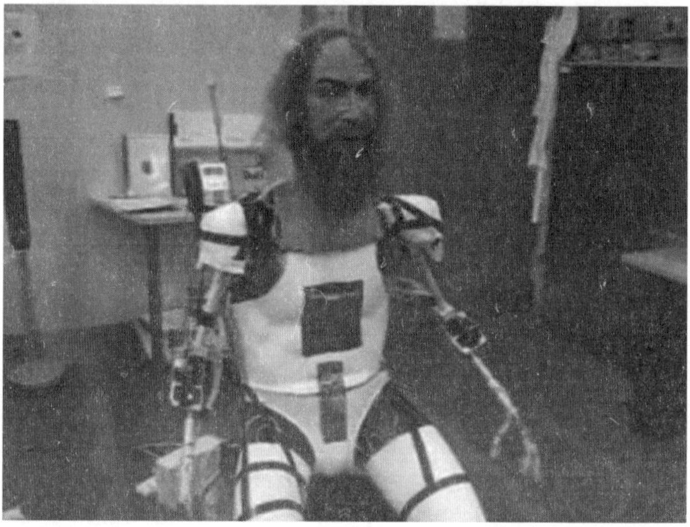

Figura 5.19 – Robô humanoide mais avançado.
Fonte: Google Images.

Existem várias séries de robôs avançados, e é possível uma classificação: cada uma possui critérios, que também são levados em consideração. Em virtude dessas infindáveis discussões, foi criada uma ONG, a Federação Internacional de Robótica, na Suécia, e reúne diversos centros empresariais e de pesquisa oriundos de mais de vinte países, onde os robôs são descritos como máquinas que trabalham por si sós ou humana e parcialmente controladas.

Existem centenas de tipos de robôs que possuem essas características, mas deve se levar em conta que esta associação agrega pesquisas envolvidas para o desenvolvimento de um super-robô humanoide também, ou seja, ela junta as especialidades de cada centro de pesquisa para desenvolver algo em outra perspectiva e precedentes.

Os robôs são extremamente especializados, com muita ênfase para os que executam funções na prática. No cenário atual, a maciça maioria delas é utilizada em indústrias, com braços mecânicos com a função de realizar ações repetitivas dentro das fábricas.

Cada setor de uma indústria possui robótica aplicada e focalizada, o que obriga os pesquisadores a criar uma divisão sobre as especificações de cada um.

Sobre a interação entre homem e robô, existe o MINERVA, criado na famosa Universidade de Carnegie Mellon, situada nos Estados Unidos da América, especialista nesse tipo de tecnologia robótica. Esta máquina hoje é uma funcionária-guia do museu da Universidade. Ela age sozinha, ou seja, não necessita de controle humano, e conduz os visitantes dentro da Instituição, para nos pontos principais e explica cada um.

Existem robôs autodidatas, e o mais avançado deles é o COG, cujo nome quer dizer engrenagem ou cognição; ele adquire conhecimento por si mesmo.

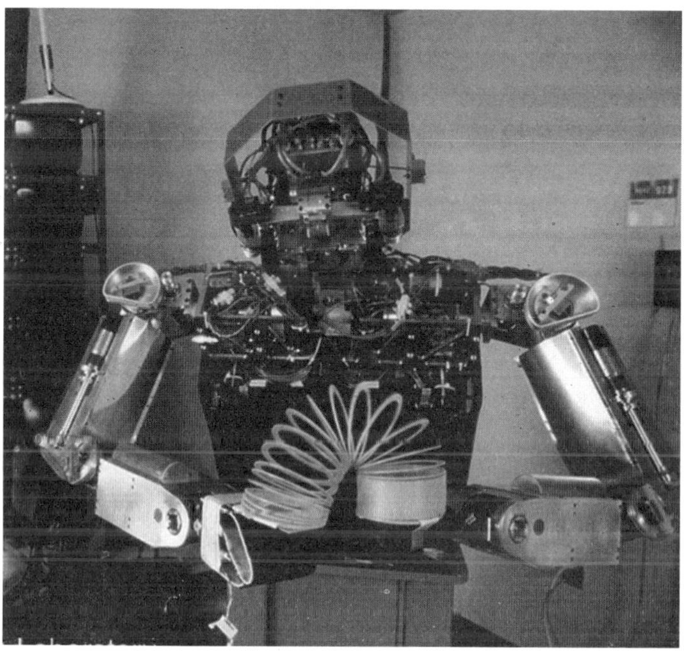

Figura 5.20 – Robô autodidata COG.

Fonte: Google Images.

Ele é desenvolvido pelo pesquisador Rodney Brooks no MIT, também nos Estados Unidos; é um projeto que tem como finalidade ser uma máquina que testa tipos de programas de aprendizagem; ele enxerga objetos, segura-os, prega pregos com madeira, usa serras etc.

Na parte industrial, existe o PERFORMARC, da Panasonic do Japão, o mais moderno, pois solda peças e pode ser adaptado em inúmeras indústrias, mas nem sempre o resultado é totalmente satisfatório.

Figura 5.21 – PERFORMARC.

Fonte: Panasonic.

REFERÊNCIAS

GANASCIA, Jean Gabriel. *Inteligência Artificial*. São Paulo. Ática, 1997.

ROQUE, Antônio. Psicologia Conexionista - aula 3 - slide disponível em http://sisne.org/Disciplinas/PosGrad/PsicoConex/aula1.pdf 06/jul/2014.

USATEGUI, José Maria Ângulo; LEÓN, José Nó Sanches de Leon. *Manual Pratico de Robótica*. São Paulo: Hemus, 2000.

SITES CONSULTADOS:

http://www.ferrari.pro.br/home/documents/FFerrari-Introducao-IA.pdf. Acesso em 05 mar. 2014.

https://www.google.com.br/url?sa=t&rct=j&q=&esrc=s&source=web&cd=5&ved=0CE0QFjAE&url=http%3A%2F%2Fwww2.dem.inpe.br%2Fijar%2FAIBreveHist.doc&ei=rU0XU6T2Cou-kQf_xICwCQ&usg=AFQjCNG0g8offcCp25bhOLvyk6DS1n9H_A&sig2=U6duZo5LXrfSfPm90_h6Tw. Acesso em 05 mar. 2014.

http://www.fals.com.br/tcc/Sistema%20de%20Informa%C3%A7%C3%A3o/2010/ESTUDO_SOBRE_SISTEMAS_ESPECIALISTAS_SDI2010.pdf. Acesso em 06 mar. 2014.

http://ceticismo.net/2009/06/17/pesquisadores-estudam-novas-interacoes-homem-maquina/. Acesso em 09 jun. 2014.

http://revistaescola.abril.com.br/ciencias/fundamentos/inteligencia-artificial--onde-ela-aplicada-476528.shtml. Acesso em 03 jul. 2014

http://www.oficinadanet.com.br/artigo/ciencia/o-que-e-inteligencia-artificial. Acesso em 06 jul. 2014.

http://pipocaenanquim.com.br/cinema/asimov-para-pensar-a-etica/attachment/i-robot-2004-42-g11/. Acesso em 06 jul. 2014.

http://g1.globo.com/Noticias/Tecnologia/0,,MUL583539-6174,00-EUA+REFORCAM+EXERCITO+COM+PELO+MENOS+MAIS+MIL+ROBOS+GUERREIROS.html. Acesso em 06 jul. 2014.

http://www.tecmundo.com.br/futuro/7725-inteligencia-artificial-mitos-e-verdades.htm.

Acesso em 06 jul. 2014.

http://www.din.uem.br/ia/especialistas/ideal.html. Acesso em 05 fev. 2014.

http://www.dct.ufms.br/~mzanusso/producao/RodrJoanir.pdf. Acesso em 23 fev. 2015.

http://www.ice.unifei.edu.br/ramos/download/IA/ApostilaIA.pdf. Acesso em 23 fev. 2015.

https://danilocafe.files.wordpress.com/2012/05/apostila-sistema-especialista.pdf. Acesso em 23 fev. 2015.

https://danilocafe.files.wordpress.com/2012/05/apostila-sistema-especialista.pdf. Acesso em 23 fev. 2015.

http://www.scielo.br/scielo.php?pid=S0100--19651997000100006&script=sci_arttext. Acesso em 02 mar. 2015.

http://www.newtoncbraga.com.br/index.php/eletronica/52-artigos--diversos/4875-art1199a. Acesso em 15 abr. 2015.

http://ciencia.estadao.com.br/noticias/geral,robos-se-adaptam-sozinhos-a--defeitos-para-continuar-funcionando,1695444. Acesso em 28 maio2015.

Impressão e acabamento

Gráfica da Editora Ciência Moderna Ltda.